懐疑と確実性

神山和好

春秋社

懐疑と確実性　目次

はじめに　3
第1章　ゲチア問題——問題の所在　19
第2章　ゲチア問題——阻却可能性分析を擁護する　59
第3章　「知る」は指標詞か　79
第4章　不変主義——「知る」の厳格な用法とルーズな用法　107
第5章　実験哲学——ハンナは土曜日に銀行が営業していることを知っていたか　123
第6章　懐疑と確実性——ムーアとウィトゲンシュタイン　139
第7章　懐疑論論駁——ムーア的または否定神学的アプローチ　153

第8章 外部世界の実在に対するデカルト的懐疑……179
第9章 帰納の正当性に対するヒュームの懐疑……203
第10章 懐疑論に対する文脈主義の解決……225
第11章 共有知とゲームの解……241
補遺I ヒュームの懐疑論的論証 281
補遺II 純粋理性のアンチノミー 287
補遺III 規則遵守のパラドクス 294
結語 303
あとがき 307
参考文献 5
索引 1

懐疑と確実性

はじめに

ドイツの実存哲学者カール・ヤスパースによると、ひとを哲学することにむかわせるのは、驚異と懐疑、それに限界状況（挫折の経験）の三つである（『哲学入門』第二講）。このうち、懐疑とは、なんらかの主張についてその正しさを問題にすることを言い、それが疑わしい、と主張するのが懐疑論（*skepticism*）である。さまざまにある懐疑論のなかでとくに、世界の実在や物質の存在、過去の存在、他人の存在、心の実在、経験的信念や知覚的信念の正当性、ことばの意味の客観性等を疑い、それぞれについてわれわれは知らない（あるいは、それを受け入れる合理的根拠がない）と主張する説が哲学的懐疑論（以下、簡単に懐疑論）である。

「近年認識論はきわめてドラマチックな復活を遂げている。認識論上の問題に対するこの一般的な関心の復活は、かなりの部分、認識論のサブトピックである懐疑論のルネサンスにより導かれている」（Pritchard, 2005a, p. 1）とあるように、英語圏の哲学において近年「懐疑論のルネサンス」という現象が見られる。しかし、懐疑論は一般にはネガティブにみられることが多い。なぜだろう。主な理由として考えられるのは次であろう。

(1) 懐疑論は常識外れで、あきらかに間違っている。もし懐疑論が「誰も何も知らない」という主張であるとすれば、それが正しい場合、それを主張する人は自分の主張が正しいことを知らないことになる。そのような主張を相手にするのは時間の無駄である。

(2) かりにあるタイプの懐疑論が正しくて、それを論証できたとしても、待っているのは、判断中止の勧告である（われわれはその事柄について何も知りえないのだから、沈黙すべきだ）。つまり、懐疑論を論証しようとするのは哲学的自殺である。

(3) いくつかのタイプの懐疑論についてそれらが間違いであることを言おうとする議論は多いが、成功したという話を聞かない。そのような議論は不可能であるにちがいない。

懐疑論とかかわることには益がない。懐疑論自身自己矛盾を含むか、よしんばそうでないとしても、それに関する議論はよくて哲学的自殺、悪ければ徒労という運命である。懐疑論はブラックホールのようなもの、ブラックホールが好きな人はかまわないが、そうでない人はもっと肯定的で生産性の望めることに取り組んだほうがよい。

このタイプの「懐疑論に対する懐疑論」に対して反論は可能である。

(1) 正しい懐疑論があるかもしれない。すべての懐疑論が間違っているとは限らない。

(2) 懐疑論が肯定的結果と無関係とは言い切れない。……である、とか、……であることを知っている、という主張に対し、本当にそうだろうか、と疑うことからはじまって、……を知らない、という主張を立てるのが懐疑論である。疑われているのは主張の正当性、確実性である。だから、懐疑論において考察の対象になっているのは、実は、正当性とは何か、確実性とは何かという問題である。この問題に対するひとつの可能な解答が懐疑論、ということになる。ヤスパースも指摘するように、「決定的な問題は、懐疑そのものによって、いかにして、またどこで、確実性の地盤が獲得せられるか、ということである」（上掲書、一二一頁）。つまり、懐疑論の問題とは確実性の問題である。

肯定的な方向の仕事――たとえば、知識の定義、確実性の定義など――も懐疑論を無視できない。それらの定義は知識や確実性を疑う懐疑論の脅威に直面している。肯定的な仕事を行う（「いかにして、またどこで、確実性の地盤が獲得されるか」を考える）ためには、懐疑論からの脅威を除く必要がある。つまり、知識や確実性の定義のためには懐疑論を評価する必要がある。カントのアンチノミー、ゲーデルの不完全性定理、ハイゼンベルクの不確定性原理等の意義も同じところにあろう。それらはすべて「懐疑論的」である。

哲学史に限っても、懐疑論の貢献度は第一級である。古代懐疑論の集大成者セクストス・エンペイリコスの『ピュロン主義哲学の概要』が一五六二年、ラテン語に訳され、それを手にしたデカルトやヒュームを通して、懐疑論はその後の認識論、存在論に決定的な影響を与えている（第9章註⑶参照）。

⑶　すべての懐疑論について論駁が不可能であるとはきまっていない。

これらの中で多分、最も説得力があるのは⑵であろう。ただ、私は、⑴についても無碍に否定しきれないと感じている。懐疑論者の主張は偽にきまっている、懐疑論において問題なのはかれらの主張が真か偽かではない、単独ではごく自然にみえる主張が同時に主張されると衝突する、その衝突をほぐすことが課題なのだ、つまり、懐疑論の問題というのはある種のパズルであり、パズル解きこそがやるべきことのすべてなのだ、と解釈されることが近年多い。ダンカン・プリチャードははっきりそう主張しているし（Pritchard, 2005b, §1）、マイケル・ウィリアムズも、

懐疑論的議論に対し、それを受け入れないと言っただけでは不十分。どこが間違っているのか、にもかかわらずどうしてそう誘惑的なのか、を知りたいのだ。

と述べている（Williams, 2001, p.67）。これらの主張の背後に見えるのが「懐疑論のテーゼは偽にきまっている」という見方あるいは「パズルとしての懐疑論」という見方である。テーゼ

によってはそうとは言い切れない、懐疑論のなかには真かもしれないものがありうる、と私は考えている。

懐疑論を主張する人を懐疑論者（*skeptic*）という。誰が懐疑論者だろうか。「われわれは何も知らない」などと誰が主張するのか。特殊な例外を除いて、懐疑論者が地球上のどこかに暮らしている、とは考えない方がよいだろう。（筆者は以前、マサチューセッツ工科大学哲学科でジョン・ギボンス（John Gibbons）の認識論の講義を聴講したことがある。懐疑論の説明を聴いた後ギボンスに同じ質問をしたところ、彼は少し考えてから、「ピーター・アンガー」と答えた。そして、苦笑いしながら「彼は、君は存在しない、と言っているよ」と付け加えた。初期から中期にかけてのアンガー（『無知――懐疑論を擁護する』（Unger, 1975））ならばたしかにそうかもしれない。現在はどうかわからない。いずれにせよ、「懐疑論者」――とりわけ「われわれは何も知らない」あるいは「われわれのいかなる信念も正当化されない」と主張するラジカルな懐疑論者――を地球上に見つけるのはたやすくはない。）そうではなく、懐疑論者とは内心に住む自分の一面と考えたほうがよい。いろいろな基礎的信念を抱き、またそれを主張するとき、内心にあらわれるのが、それに対する仮想的批判者である。われわれは、世界は間違いなく存在すると信じている。しかし、一片の疑いの可能性の声を内心に聞く。もしかすると、単にそう思いこんでいるだけかもしれない、と。この声が懐疑論者である。すなわち、懐疑論論駁とはある種の自問自答の行為である。そのような声に関心をもたないことも可能で、実際多くの人々は他のもっと実際的な疑いを除くことに関わっている。哲学的懐疑論者を相手にする人々は、ウィトゲンシュタインが喝破したように、「蝿取り壺に入り込んだ蝿」であろう（『哲学探究』309）。しかし、そこに取り込まれるのも人間理性の一つの側面ではある。本書は、蝿取り壺に入り込んだ蝿による、そこからの脱出の努力である。同様の運命に陥った、あるいは陥りそうな方々の参考になればさいわいである。

本書の概要

懐疑論者と格闘し、できれば論破することは本書の中核的なテーマである。しかし、テーマのすべてというわけではない。本書が扱う問題群と叙述の順序は以下の通りである。

ゲチアの挑戦

本書が考察の対象とする問題は、まず次のものである。

(1)「個人Sは命題p（が成りたつこと）を知っている」という場合の「知る」を命題知（*propositional knowledge*）と言う。この場合の「知る」とは何か。

命題知の標準的分析（あるいは伝統的分析）とされているのは、それを「正当化された真な信念」(*justified true belief*)と分析するやり方である。正当化された真な信念であるが直観的に知識とは言えない例をあげることによりその分析が十分ではないことを示したのが、エドモンド・ゲチア(Gettier, 1963)である。以来、「ゲチアの反例」に耐える「知る」の分析を見つけることが、認識論の中心課題の一つになった(「ゲチア問題」)。正しい分析の候補として多くの提案がなされ、そのすべてに問題が指摘されてきた。第1章ではこのことを確認する。

第2章では、知るとは「阻却不能な(*indefeasible*)正当化された真な信念をもつことである」とする古典的な解答(阻却可能性分析(*defeasibility analysis*)——そのオリジナルな形態)をあらためてとりあげ、その擁護を試みる。この分析は、ゲチア問題に対する比較的初期の解答の一つで、ゲチアの反例に耐えるものの、「幻惑的な反例」(*misleading defeater*)を処理できないという問題とともに、厳格すぎて「誰も何も知らない」という懐疑論に陥るという難点をもつとされてきた。それらは致命的なものではなく、阻却可能性分析(その古典的バージョン)は擁護可能であることを論じる。この議論のいわば系として、われわれが知識と呼んでいるものが知識であるのは、最終的には自然の側の事情でそうなっている側面がある、「知る」は「円」や「正義」等と同じく経験を幾分か超える超越的概念であり、われわれはそれを文脈や必要に応じて使い分けている、と主張する。

（2）「Sは命題pを知っている」と言うとき、「知る」の意味はつねに同じだろうか。

認知的文脈主義（*epistemic contextualism*）――簡単に文脈主義――はこの問題――ここ四半世紀の認識論においておそらく最も多くの注目をあつめてきたトピック――に対する近年有力な主張である。キース・デローズやスチュワート・コーエン、デイヴィッド・ルイス等の文脈主義者は、「知る」は（知を知識主体Sに帰属させる人の置かれた）発話文脈により意味が変わる「文脈に敏感な表現」（*context-sensitive expressions*）の一種であり、この立場をとることにより、知識の可能性に対する懐疑論者の挑戦を最もうまく処理できる、と主張する。この立場のライバルが、「知る」は文脈により意味を変えない、どの文脈においても同じ事態をあらわす、とする立場である。ピーター・アンガー（Unger, 1975）により明確に打ち出されたこの立場が「不変主義」（*invariantism*）である。不変主義にもいくつか変種がある。二〇〇〇年代半ばにあらわれた新種――ジョン・ホーソンやジェイソン・スタンレーによる「主体敏感的不変主義」（*subject-sensitive invariantism*）等――からアンガーの立場を区別するために、文脈主義の主唱者の一人デローズはアンガーのそれを「古典的不変主義」（*classical invariantism*）と呼び区別している。デローズが自分たちの立場に対する最大の脅威とみなすのは古典的不変主

懐疑論者の挑戦

以上の議論においては、われわれがさまざまな事柄を知っていることやさまざまな信念が正当であることが前提されている。この前提を疑ってきたのが懐疑論である。エリスのピュロンからセクストス・エンペイリコスに至る古代の懐疑論が近代哲学に与えた重要な影響はよく知られている。懐疑論の影響下で近代哲学が形成されたと言っても過言ではない。先に述べたように、今日懐疑論は認識論の重要な論敵として再浮上している。

(5) 懐疑論にいかに応答するか。

この問題に対するG・Eムーアやウィトゲンシュタインの古典的議論はよく知られている。そこでは「確実性とは何か」を問うというかたちでこの問題が議論されている。第6章では、「私の身体が存在する」、「私が生まれるはるか以前から地球はあった」、「他の人間は私同様存在する」等は端的に自明であるとするムーアの「常識的実在論」や、それらは知識を可能にする条件に含まれるがゆえに確実であり、それら自身は知識ではない、とするウィトゲンシュタインの「非認知説」を確認する。

(6) (心の外の) 世界について膨大な数の事柄を知っているとわれわれは考えているが、

(7)　それは幻想であり、実は何も知らない、とする主張がある。それは正しいか。われわれが世界について知る重要な手段は観察経験と帰納である。帰納に基づく主張については、知っているどころか、正当化さえない、という主張がある。これは正しいか。

懐疑論者は、巧みな議論を用い、外部世界についてわれわれは実は何も知らない(6)、あるいは、われわれの経験的信念には何の正当化もない(7)、と主張する。かれらは、これらの主張を否定できるものなら否定してみよ、とわれわれを挑発している。

懐疑論者の挑戦に対し、懐疑論者の主張の否定を――世界についてわれわれは実際いろいろなことを知っている(あるいは、われわれの信念には正当化がある)ということを――直接論証するという道がある。これはたやすいように見えて実際は困難な道である。本書では、別の道――懐疑論者がその主張に至った議論が不十分であることを示すことにより、常識的理解を疑わない権利がわれわれにはあることを示す、という道――を選択する。立証責任は、われわれの共同体の中で奇妙と評価される説を唱える懐疑論者の側にあり、その論証が十分でないことを示すことにより、世界や知識に関する常識的理解を擁護することができると考える。このアプローチを「回避戦略」と呼ぶ(歴史的にはこのアプローチはムーアがとったアプローチの一つ(「消極的議論」)やキリスト教神学における否定神学の考え方の系譜をひく)。第7章から第9章はこのアプローチの定式化と適用である。第7章で対懐疑論戦略としての回避戦略の立場を明確にした上で、第8章では外部世界の実在に対する（あるいは外部世界についての知識に関する）デカルト的懐疑論、第9章では帰納の正当性に対するヒュームの懐疑論をこの立場から論駁する（この二つの懐疑論は近代懐疑論の代表とされているものである）。これらの議論が正しければ、われわれには外部世界の実在や帰納の正当性に関する常識的理解を疑わない権利（「反省的ネガティブ・エンタイトルメント」）があることになる。

文脈主義は今日意味論としての側面が強調されているものの、もともと懐疑論の解決策として提案された立場である。その解決にはステファン・シッファー（Schiffer, 1996）のよく知られた批判がある。これに対してデローズ（DeRose, 2006）が反論している。第10章では、それらを吟味することを通して文脈主義による解決を評価する。

共有知

ここまでとりあげてきた認識論は、個人がある事柄を知っている、という事態を分析しようとしていた。それとは別のタイプの知識現象の分析の流れがゲーム理論にある。「共有知識」（*common knowledge*）もしくは「相互知識」（*mutual knowledge*）の分析である。形式的分析であることもあり、哲学の世界ではほとんど知られてこなかった。しかし、「複数の人間が一つの出来事（が起きていること）を知っている、かつ、そのように各人が知っていること自身を各人が知っている、かつ、……」という相互的かつ重層的な知識現象は哲学的興味を強くひくものである。知識の重要性——それが合理的行動に対しもつ意味を一般的に分析している点でも興味深い。第11章では、一九七〇年代後半以来のゲーム理論における共有知識の分析を検証する。

要約

本書は「ゲチアの挑戦」、「文脈主義者の挑戦」、「懐疑論者の挑戦」という三種類の問題提起を扱う。それぞれに対する本書の応答——本書の中心的論点は次の通りである。

A　ある事柄を知るとは、それついて阻却不能な（すなわち、新たな事実の発見により覆ることのない）正当化された真な信念をもつことである。「知っている」という主張自身が絶対確実であるとは限らない（それはあやまりうる）。「知る」は超越的概念の一つであり、われわれはそれを文脈や必要に応じて使い分けている（超越的概念としての知識、運用の重要性）。

B　古典的不変主義に対する文脈主義者の批判は成功していない。「知る」ということばの意味は文脈に依存しないとする古典的不変主義は、われわれにとって現在なお有力なオプションであり続けている（古典的不変主義擁護）。

C　世界の実在や帰納の正当性等に対する懐疑論者の懐疑は成功していない。われわれにはそれらを疑わない権限（反省的ネガティブ・エンタイトルメント）がある（世界に対する自然な理解――「反省的自然主義」――の擁護）。

注意　信念や知識の起源、正当性、その範囲、限界、重要性等に関する議論全般を「認識論」（*epistemology*）、その中でとくに「知る」の分析をめぐる議論を「知識論」（*theory of knowledge*）と呼び区別することがある。本書もこの区別に従うが、ほとんどの場合両者を交換可能な語として使う。

第1章　ゲチア問題——問題の所在

　pを「二の自乗は四である」、「あれは安達太良山である」といった命題であるとしよう。ある人がp（が成り立つこと）を知っている、とはどのようなことだろうか。[1] これはプラトンが対話篇『テアイテトス』で論じた問題である。対話篇の主人公ソクラテスは、若き数学者テアイテトス相手に、テアイテトスが挙げた、（知るとは）「知覚である」、「真な判断である」、「真な判断に説明（ロゴス）が付け加わったものである」という三つの解答を吟味、そのいずれをも否定、解答を示さないまま対話を終えている。

「（命題が成り立つことを）知るとは何か」という古代以来の問題を現代に甦らせたのが、エドモンド・ゲチア（Gettier, 1963）である。ゲチアは、「知るとは正当化された真な信念（*justified true belief*）をもつことである」という分析（プラトンの三番目の解答にほぼ対応）が十分ではないことを、二つの反例を提示することにより示した。以来、今日に至るまで、「知るとは何か」について、解答の提案とそれに対する論駁が繰り返されてきている。問題の重要性について異論がないわけではないが、[2]「知るとは何か」は今日なお認識論の基本問題の一つである。

以下二つの章に分けて「知るとは何か」について考える。目標は、この問題に対する古典的な解答の一つ、阻却可能性分析（*defeasibility analysis*）のあるバージョンの擁護である。本章では、問題の所在を明らかにするために、ゲチア以来の議論を概観する。

1 知識の標準的分析

一九六〇年代はじめ、C・I・ルイスやA・J・エイヤー、R・チザム等により支持され、ゲチアが「**知識の標準的分析**」（*standard analysis of knowledge*）と呼んだのは次の分析である。

個人Sがpであることを知っているのは、次の(1)、(2)、(3)が成り立つ場合およびその場合のみである。

(1) pは真である。
(2) Sはpを信じている。
(3) 証拠があり、それによりSはpを信じることを正当化されている。

(1)は個人Sが「p（が事実であること）を知っている」と言った場合、pは実際真でなければならない、事実でないことを人が知ることはない、たとえば、「パリが日本の首都である」ことを知ることはない、と要請している。これは「知る」に対する最も基本的な条件であり、「真理の条件」（*the truth condition*）と呼ばれる。(2)は、人がある事柄を知っているためには、少なくとも彼はそれを信じていなければならない（あるいは、それを真なものとして受け入れていなければいけない）と要請している（「信念の条件」（*the belief condition*））。(3)は、真な信念をもっているだけでは知っていることにはならない、知っているためには、証拠がありそれにより信念が正当化されていなければならない、と要請する（「正当化条件」（*the justification condition*））。

標準的分析によれば、ある事柄を知るとは、それについて「正当化された真な信念」（*justified true belief*）をもつことである（以下標準的分析をときに、K＝JTB説、JTB説と略記する）[3]。

2 ゲチアの反例

知識の標準的分析（伝統的分析とも呼ばれる）に対するゲチアの主張は次のものである。

(1)かつ(2)かつ(3)(1)、(2)、(3)の連言)は「Sはpを知っている」ための十分条件ではない。これを主張するためには、(1)、(2)、(3)のすべてを満足して、しかも、「Sはpを知っている」が成り立たない場合があることを示せばよい。

そのような場合(すなわち標準的分析の反例)を提示するにあたり、ゲチアはあらかじめ、「正当化された信念」に対する要請として次の二つを使うことを明示している。

H_1　実際は偽である命題を信じることが正当化されることがありうる。

H_2　任意の命題p、qについて、個人Sがpを信じることが正当化されていて、かつ、pがqを論理的に含意し、しかも、個人Sがpからqを実際に演繹し、その演繹の結果としてqを受け入れていたならば、Sはqを信じることが正当化される。

知識と違い信念はふつう真であることを要求されない。正当化された信念についても真である必要はない、とするのが要請H_1である。命題pが真であろうと偽であろうと、pに対する信念が正当化されてさえいれば、(本人が論理的演繹を実行したという条件下で)その任意の論理的帰結qに対する信念も正当化された信念である、とするのが要請H_2である。

ゲチアは標準的分析に対する反例として二つのケースを挙げている。最初の例は次である。

ゲチアの第一の反例

スミスとジョーンズが同じ仕事に応募した。スミスは次の連言命題に対する強い証拠をもっている。

(a) ジョーンズはその仕事にありつくことになるただ一人の男で、しかも、彼のポケットには硬貨が一〇枚ある。

(a)に対するスミスの証拠はたとえば、その会社の社長が最終的にはジョーンズが選ばれることになるだろうとスミスに告げていて、しかも、一〇分ほど前にスミスはジョーンズのポケットの中の硬貨を数えていた、といったものが考えられよう。スミスは(a)を信じることを正当化されているわけである。

(a)は次の(b)を論理的に含意する。

(b) その仕事にありつくことになるただ一人の男のポケットには硬貨が一〇枚ある。

スミスは、(a)が(b)を論理的に含むことを見て取っており、彼自身が強い証拠をもつ(a)を根拠に(b)を受け入れていると仮定しよう。この場合、要請H_2より、スミスは(b)を信じることが正当化される。

さて、次を想像しよう。たまたまジョーンズではなくスミスがその仕事にありつくことになり、しかも、スミス自身知らないことであったが、スミス自身のポケットにも硬貨が一〇枚あった。この場合、(b)は真。次が成立する。

(1) (b)は真。

(2) (b)をスミスは信じている。

(3) スミスは(b)を信じることを正当化されている。

すなわち、(b)に対しスミスは「正当化された真な信念」をもっており、したがって、標準的分析によれば、(b)をスミスは知っている。しかし、直観的には明らかに、スミスは(b)を**知らない**。

ゲチアの第二の反例

ゲチアが挙げたいま一つの反例は次のものである。

スミスは次の命題に対し強い証拠をもつとする(その結果、この命題を信じていて、しかも、その信念が正当化されている、とする)。

（h）　ジョーンズはフォードをもっている。

スミスにはもう一人の友人ブラウンがいるが、彼の居場所をスミスはまったく知らない、としよう。スミスは、ブラウンの居場所として三か所の名前をあてずっぽうに挙げ、次の三つの命題をつくったとする。

（i）　ジョーンズはフォードをもっているか、もしくは、ブラウンはボストンにいる。
（j）　ジョーンズはフォードをもっているか、もしくは、ブラウンはバルセロナにいる。
（k）　ジョーンズはフォードをもっているか、もしくは、ブラウンはブレスト-リトフスク（ポーランド）にいる。

「もしくは」の定義から明らかに、（h）は（i）、（j）、（k）のいずれをも論理的に含意する。スミスはこれらの含意関係の成立を知っていて、それらを信じていたとする。H_2より、彼のそれらの信念は正当化される。

さて、次の場合を想像しよう。

1　ジョーンズは実際はフォードをもってはいない（レンタカーを乗り回していただけ）。

2　偶然にもブラウンはバルセロナにいた。

この場合、

(1) (j)は真である。

(2) (j)をスミスは信じている。

(3) (j)を信じることをスミスは正当化されている。

のすべてが成り立つ。それにもかかわらず、スミスは(j)が真であることを**知らない**。

以上が「ゲチアの反例」である。それらは本当に標準的分析に対する反例であろうか、かりに反例であるとすれば「知る」の正しい定義をえるためには、標準的分析をどのように修正すべきか。これが「**ゲチア問題**」(*Gettier problems*)である。

3　ゲチア型問題

ゲチアの二つの反例に共通していることは、知識すなわち「正当化された真な信念」が、

「正当化されてはいるが偽な信念」から演繹されるかたちで成立していることである。

第二の例がよりわかりやすいかもしれない。「ジョーンズはフォードをもっているか、もしくは、ブラウンはバルセロナにいる」という（スミスの）正当化された真な信念（知識）は、「ジョーンズはフォードをもっている」という（彼の）正当化されてはいるが偽な信念から演繹されるかたちで成立している。

この場合、Aから「AまたはB」を導いてよいという演繹規則が使われていて、「AまたはB」はAが偽であってもBが真であれば真であるという論理的事実が用いられている。つまり、「AまたはB」（「ジョーンズはフォードをもっているか、もしくは、ブラウンはバルセロナにいる」）の正しさは、それを受け入れる根拠とされているA（「ジョーンズはフォードをもっている」）の正しさではなく（それは偽である）、証拠として挙げられていない（それどころかまったく知らない）B（「ブラウンはバルセロナにいる」）の正しさからきている。「AまたはB」（「ジョーンズはフォードをもっているか、もしくは、ブラウンはバルセロナにいる」）というスミスの信念が真であるのは運に恵まれたからであるに過ぎない、それは完全なまぐれ当たりであり、知識であるとはとても言えない。

このような「**認知的幸運**」（*epistemic luck*）を排除するためには、

知るとは「いかなる偽な前提にも依存しない、正当化された真な信念」（*justified true belief*

that depends on no false premises）をもつことである。

というように知識の定義を改めればよい、という考え方は自然である（Clark, 1963, Harman 1968, 1970）。

しかし、この「**偽な前提の排除解**」（*"no false premises" solution*）は問題解決にならない。偽な前提を使わずに同様の例をつくれる。次の例を考えよう。

（リュック）　リュックは宿題を手伝ってもらうためにマークの部屋に行くと約束した。約束の時刻にマークの部屋にリュック到着。部屋に入ろうとしたとき、リュックは窓越しにマークが机の前に座っているのをはっきりと見た。リュックはとっさに「マークは部屋にいる。僕の論理学の宿題を手伝ってもらえる」と信じた。目で確認しているのだから、「マークは部屋にいる」というリュックの信念は正当化されている。しかし、実は、リュックが見たのはマークではなかった。それは驚くほど精巧につくられたホログラムだった。机にむかってレポートの採点に励んでいるマークの像だった。とはいえ、マークは部屋にいた。彼は机の下にしゃがんでフレーゲを読んでいたのだった。すると、「マークは部屋にいる」というリュックの信念は真、かつ、正当化されている。しかし、明らかに、リュックはそれを知らない。[4]

この例では、「マークは部屋にいる」というリュックの信念は、ゲチアの反例と違い、偽な前提から演繹されているわけではない。偽な前提は問題にとって本質的ではないことになる(5)。偽な前提が排除された形に再構成された問題が「**ゲチア型問題**」(*Gettier-style problems*)である。

4　第四の条件の追求

ゲチアの反例は知識の標準的分析への挑戦である。この挑戦に対する応答は次の二種類に大別される。

(1)　ゲチアの分析は正しくない。二つの反例とも、そこで構成されたのはJTBではない。あるいは、構成されたのはJTBだが、「知らない」という(正しいと想定された直観的)判断のほうが間違っている。われわれは、構成された状況で(たとえば)(b)を知っているのだ。

(2)　ゲチアの分析は正しい。K＝JTB説には修正が必要である。

大部分の認識論者が選択したのは(2)、すなわちゲチアの分析は正しい、という立場である。

この立場によれば、スミスは「その仕事にありつくことになるただ一人の男のポケットには硬貨が一〇枚ある」ことを知らない。彼の信念はたしかに間違ってはいないが、たまたま幸運に恵まれただけで、とうてい知識とは言えない。まぐれ当たりは知識ではない。

彼らは、K＝JTB説に代わる知識の定義を追求した。多くは、JTB（「真であること」、「信じていること」、「正当化されていること」（ゲチアのH_1およびH_2の条件））に加えてゲチア問題を引き起こさない――認知的幸運を排除する――四番目の条件、非ゲチア条件（*non-Gettier condition*）を探し、それを加えて標準的分析を完成させようとした。このアプローチが「**第四の条件アプローチ**」（*fourth condition* (*JTB＋G*) *approach*）である。このアプローチにとって、知識とは「脱ゲチア化された」正当化された真な信念（*"degettierized" JTB*）である。

因果説

第四の条件アプローチに属す試みは多い（先に挙げた「偽な前提の排除解」もその一つである）。しかし、それらすべてに反例がつくられ（あるいは問題点が指摘され）、失敗に終わっているとされる。[6] ここでは、このアプローチの代表として、アルヴィン・ゴールドマン（Goldman, 1967）の「**因果説**」（*causal theory*）を挙げよう。

ゴールドマンは問題の第四の条件として、次のような条件を追加する。

ある人の信念が正当化されるのは、その信念の真理性が原因で彼に適切な仕方でその信念が生じたときのみである。そして、正当化された信念が知識とみなされるためには、彼は原因である事実から信念に至る因果の鎖（*causal chain*）を正しく再構成できなければならない。

この分析（因果説）を使えば、ゲチアの反例におけるＪＴＢが知識とならない理由を説明できる：スミスの(b)や(j)という信念は事実に起因していない。たとえば、(b)「その仕事にありつくことになるただ一人の男のポケットには硬貨が一〇枚ある」というスミスの信念について言えば、「スミスがその仕事にありつき、しかも、彼のポケットには硬貨が一〇枚あった」という事実に起因していない。

因果説に対する反例として名高いのは「ニセの納屋の例」である（Goldman, 1976）。

（ニセの納屋） 中西部に一風変わった郡があったとしよう。この郡の道路の横には納屋もどきが建てられている。道路から見ると納屋そっくりに見える。別の角度から見ればすぐにニセの納屋であることがわかる。ドライバーたちに納屋があると錯覚させるために建てられているのである。ヘンリーがこの郡をドライブしている。ヘンリーは一軒の納屋を指さしながら、助手席の息子に「あれは納屋だね」と言ったとする。たまたま彼が見ていたのがこの郡で唯一の本物の納屋だったとしよう。本物の納屋を見たことが原因でヘンリーはそれが納屋であると信じたのだから、因果説からすると、彼はそれが納屋であることを知っていることになる。しかし、あきらかに、ヘンリーは幸運であったにすぎない。彼はそれが納屋であることを知らない。

信頼性主義

因果説の困難は、「適切な因果の鎖」を循環を犯さずに説明できるか、というところにもある。適切な因果の鎖とは知識を生み出す連関だ、という説明は循環である。適切な因果の鎖によりもたらされたとは、「信頼できる認知過程によりもたらされた」ということである、と解釈したらどうだろうか。つまり、信頼できる認知過程（*reliable cognitive process*）によりもたらされた真な信念が知識である、と考えるのである。この立場をとるのが（同じゴールドマンの）**信頼性主義**（*reliabilism*）である（Goldman, 1976, 1979, 1986）[7]。

ただし、これだけではニセの納屋の例を処理できない。それを処理するためには、信頼性の要求を強める必要がある。ゴールドマン（Goldman, 1976）が採用したのは次である。

pであるというSの信念が正当化されるためには、信頼される過程Prによりもたらされたということだけでなく、もしSがPrに加えてそれを用いたならばpを信じないことになったであろうような、Sに利用可能な別の信頼できる過程が存在しないことが必要である。

ゴールドマンが追加した「もし実際に用いられた過程に加えてそれを用いたならばpを信じないことになったであろうような、主体に利用可能な信頼できる過程は他に存在してはならない」あるいは「同等の過程を使えばSがpを信じないことになるような、いかなる関連する反事実的状況（*relevant counterfactual situations*）も存在しない」という要求は「識別の要請」（*discrimination requirement*）と呼ばれる（Goldman, 2008, §2）。この要請は、砕いて言えば、知識の成立のために、形成された知識候補を否定する他の利用可能な過程（方法）がないことが確認されていることを要求している。たとえば、ある信頼できる過程を経てニュートリノは光より速いという信念がえられたとしよう。一つの信頼できる過程を経たということだけでは、その信念は知識にはならない。それを否定する他の信頼できる過程が現実的な可能性の範囲で存在しない（それらの存在の可能性をすべて排除できる）ことが必要である。ありとあらゆる可能性を考えてそのような過程が存在しないと確認される必要はない。現実的な可能性の範囲で排除できればよい。現実の過程を可能な別の過程から識別できることを識別の要請はもとめていることになる。ニセの納屋の例では、ヘンリーは実際に起きていること（本物の納屋を見ている）を現実に可能な事態（ニセの納屋を見ている）から識別できない。よって、「あれは納屋だ」という彼の信念は正当化されないから、知識ではない。[8]

ボンジャー（Bonjour, 1985）がゴールドマンの信頼性主義に異論を唱えている。

（千里眼）ノーマンは完全に信頼できる千里眼の保持者であるとしよう。あるとき、千里眼によって、現在大統領はニューヨークにいる、とノーマンが信じたとする（実際、そのとき大統領はニューヨークに滞在していたとしよう）。ノーマンは、自分が千里眼の保持者であることを示すいかなる証拠ももたない。直観的には、「いま大統領はニューヨークにいる」というノーマンの信念は正当化されないし、彼はそれを知らないように思えるが、信頼性主義はそれは正当化されるし、知識だ、と言う。

この異論は識別の要請により対応できる。千里眼など存在しないという科学的証拠をノーマンがもっていたとしよう。科学的証拠は通常信頼される。もしノーマンがこの証拠に基づき信念を形成していたら、千里眼に基づく信念を取り消していただろう。つまり、大統領がニューヨークにいるとは信じなかっただろう。彼は自分の信念は正当化されない、したがって知識ではない、と結論しただろう。この場合、「もしSがその過程を使ったならばpと信じなかったであろうような信頼される過程」である科学的証拠をノーマンは利用可能だから、彼の「現在大統領はニューヨークにいる」という信念は正当化されず、したがって、それは知識ではないことになる。しかし、もしノーマンが、千里眼が存在しないことについてそのような科学的証拠をもっていなかったならどうだろう。その場合、彼に利用可能な信頼できる別の過程が存在しないことになるから、修正された定義においても「現在大統領はニューヨークにいる」という信念は正当化され、彼はそれを知っていることになるように思える。この場合、自分の千里眼が正しく見透す力があると考える理由がまったくないにもかかわらず信じているから、これは単なる盲目的信念であり知識ではないように思える。

この異論に対し、ゴールドマン（Goldman, 1986）は次のように回答している。

信念が正当化されるのは、それが普通の世界において信頼できる場合およびその場合のみである。ここで、普通の世界（*normal worlds*）とは現実の世界で起きる事物、出来事、変化などについてのわれわれの大部分の一般的な信念と整合的な世界である。

このように修正すれば、たしかに千里眼を使った異論を排除できる。千里眼は普通の世界には登場しない。しかし、次のストーリーはどうであろうか。

（ミスター気温計）「ミスター気温計」（*Mr. Truetemp*）は、知らないうちに、脳の中に正確な気温測定器のチップを移植する手術を受けた。このチップにより彼は気温について自動的に真な信念を形成する。しかし、彼は、自分の脳にそのようなディバイスが埋め込まれているとは露も知らない（病院で別の手術を受けたときひそかに埋め込まれた）[9]。

ミスター気温計は気温について信頼できる仕方で形成される真な信念をもつ。SFに近いとはいえ、千里眼と異なり、普通の世界で起きそうな話である。彼は気温を知っていると言ってよいだろうか。千里眼のノーマンと同様、（自分の判断の正しさについて優秀なトラックレコードをもつとはいえ）ミスター気温計もなぜ信じてよいのかわからずに信じており、この信念自身合理性を欠き、正当化されていない、つまり知識ではないように思える[10]。

5　外在主義――事実と信念の絆

第四の条件を求めるアプローチが困難を含むのを見て、ある人々はそのアプローチそのものを疑うようになった。

ゲチアの反例が示しているのは、標準的定義にいまひとつの条件を加えて定義を完全なものにする必要ではなく、「真」、「信念」、「正当化」という互いに独立な三つの条件の組として知識を捉えようとする態度そのものが含む問題性である。知識とは事実と信念との絆に関する事実的概念であり、「正当化」や「証拠」、「確実性」、「主張可能」といった認識論的概念によって定義されるものではなく、逆にそれらを定義するものである。

これが「**外在主義**」（*externalism*）の立場である。これに対し、知識の成立のためには証拠や正当化、知っていると意識されていることが不可欠であると考えるのが「**内在主義**」（*internalism*）である。外在主義の立場では、知っているためには、そうと意識されている必要はない。

内在主義から外在主義へのシフトは前節でとりあげたゴールドマンに見られる。彼ははじめ因果説を内在主義的な条件として導入した（「正当化された信念が知識とみなされるためには、それが事実を原因として引き起こされたものであるとともに、その因果の鎖を「正しく再構成」できなければならない」と要求している）。異論に応答する過程で、つまり、信頼性主義を採用する過程で外在主義の方向にシフトしている。[11] ゴールドマンの信頼性主義に対する批判者たちは、正当化されていることが知識主体に意識されていないことをそれが許すことを問題視している。

信頼性主義を外在主義の立場から解釈することは容易である。「信頼できる認知過程によりもたらされた」を（内在主義的意味で）正当化されていることの定義と考えずに、事実と信念との絆に関する概念（事実的概念）と理解すればよい。たとえば、それを「顕微鏡や温度計等を使ってえられた」と理解すればよい。その上で、知識を「信頼できる認知過程によりもたらされた」真な信念と定義すれば、それは「知る」の外在主義的分析である。このバージョンの信頼性主義によれば、真な信念を知識とするのはわれわれの認知過程の信頼性である。信頼性はこれまでの成功頻度の大きさにより定義される。

外在主義の利点は、動物や知能ロボットがいろいろなことを知っている、という言い方を理にかなったものとして認めることができるという点にある（ロボットに似た千里眼のノーマンやミスター気温計も、それぞれ、「現在大統領がニューヨークにいること」、正確な気温を知っていることになる）。前節最後で見た信頼性主義に対する批判は、信頼性主義が内在主義の立場から正当化の解釈として不十分であること、正当化があることの意識（自覚）が知識主体にない場合でも知っていると認めることの不自然さを指摘していた。外在主義は、知識の成立のためには内在主義的な意味での正当化やそれが知識主体に意識されていることは必要ないと主張する。正当化が不必要であることについて、ドレツキ（Dretske, 1989, p. 95）が次のように述べている。

> 信頼できるかたちでえられた真な信念以外（少なくとも、それ以上）のもの——信頼できるかたちでえられた真な信念が本当に信頼できるかたちでえられていること——を知識に求める人々は、その正当化がどのような便益を与えるのかを述べる義務があるように私には思える。……一体誰がそれを必要とするのか、そしてなぜそれを必要とするのか？もしある動物が完全に信頼できる信念形成のメカニズムをもち、事情が同じときには、そのように形成された信念に基づいて行動する傾向性をもつならば、彼の信念が本当にある

信頼できる仕方で形成されたという正当化に何の（新たに追加される）便益があるだろうか？　もしそのような追加便益がまったくないのならば、その正当化に何の価値があるだろうか。それなしでは知識とはなりえないなどとなぜ主張しなければならないのか？（傍点は原文にある強調）

トラッキング説

ドレツキ（Dretske, 1971）やノージック（Nozick, 1981）、ソーサ（Sosa, 1999）による知識分析は、正当化条件を排し、はっきりと外在主義の立場に立った分析である。「信頼できる」は内在主義的に解釈される含みをもつ概念である（「その過程は信頼できる、しかし、私はそう意識していない」はかなり奇妙に聞こえる）。かれらはそれを使わない分析を追及した。ノージックを例にとれば、彼はＴＢ（真な信念）に、次の二条件を満たすことを要請する。

(1)　もしかりにｐが事実でなかったとしたら、Ｓはｐと信じなかっただろう。（敏感性の条件（*the sensitivity condition*））

(2)　もしかりに、現実と少しだけ事情が変わっているにもかかわらず依然としてｐが事実であるような状況におかれたとしても、Ｓはｐと信じるだろう。（粘着性の条件（*the adherence condition*））

（ニセの納屋の例において）ヘンリーは見えているのが納屋であることを知らない。なぜなら、⑴もし見えているのが納屋ではなかったとしても、彼は納屋だと信じただろうから（実際納屋ではなかったが、納屋だと信じている）、つまり⑴の敏感性の条件が満たされていない。

因果説に対する別の反例（Harman, 1965）で考えてみよう。

（オマーの死） 心臓麻痺でオマーが死んだ。その後、狂人がやって来てオマーの首を切り落とした。そこへカシムが通りかかり、オマーの切断された頭部を見て、ただちに、オマーは死んだと考えた。あきらかに、カシムは「オマーは死んだ」ことを知っている。しかし、因果説によれば、カシムの信念はオマーの死と因果的に適切につながっていないから（「オマーは死んだ」というカシムの信念は、切断された頭部を見たことが原因で生まれており、真の原因である心臓麻痺からきていない）、それは知識ではないことになってしまう。

ノージック説では、カシムは「オマーは死んだ」ことをたしかに知っている。なぜなら、⑴もしオマーが死んでいなかったなら、そうは信じなかったろうし、かつ、⑵もし事情が少し変わってもオマーが死んでいたなら、そう信じるであろうから。このようにして、因果説の困難を回避することができる。千里眼、ミスター気温計についてもこれらの条件が満たされるから、それぞれ問題の出来事を知っていることになる。

(1)、(2)は反事実条件を使って定式化されている。反事実条件文(*counterfactual conditionals*)は、「もし本能寺の変がなかったなら、信長は日本を統一していただろう」といった事実に反する仮定のもとで、ある事柄が成り立つだろうということを述べる文である。それをどのように分析するかは、それ自身大きな哲学的問題であり、いくつか異なる解釈がある。ノージックにあっては、彼の二つの条件は標準的なストルネイカー＝ルイス流の解釈により読まれる(ラフに言えば、前件が成り立つ可能世界の中で現実世界に類似したすべての可能世界において後件が成り立つときおよびそのときに限り、当の反事実条件文は真)。(1)と(2)を満たす信念は(対象である)事実を「トラッキングしている(なぞっている、正しく追尾している、再現している)」(*tracking*)と言われる(それが偽ならば問題の信念は生まれないし、真なら多少条件が変わっても信念は揺るがない)。ノージックによれば、知識とは「事実をトラッキングしている真な信念」である(「**知識のトラッキング説**」(*tracking theory of knowledge*))。

Aが原因でBが成立すること(因果性)の分析にはさまざまあるが、反事実条件を使ってそれを「もしAが成立していなかったなら、Bが成立しなかっただろう」と分析するアプローチがある。条件(1)は「もしpが事実でなかったならば、Sの信念も生まれていなかったろう」と要請している。これは(このアプローチでは)pが原因でSの信念が生まれた、ということである(条件(2)も、因果性のいま一つの性質(「もしAが成立していれば、多少事情が変わっても、Bは成立するだろう」）に対応するものとして理解できる）。ノージックの分析は、因果説の翻案――反事実条件件を使った定式化と見ることができる。[12]

ノージック説もゲチア型の反例を免れない。次は、クリプキ（Kripke, 2011, 167-168）があげた反例である（ニセの納屋の例の翻案）。

（クリプキの納屋）　ニセの納屋（納屋のように見えるが納屋ではない）の多い地方を考える。その中で一軒だけ本物の納屋があり、それは赤くペンキされている。ニセの納屋はある理由から赤くペンキされえない、とする。ジョーンズはハイウェーをドライブしていて、たまたま本物の納屋を見かけた。そして、「納屋が見える」と信じたとする。かりに見えたのはニセの納屋だったとしよう。この場合「納屋が見える」とジョーンズは信じないだろうか。信じるだろう。よって、条件(1)が満たされない。したがって、ノージックの意味で、ジョーンズは「納屋が見えている」ことを知らない。さて、ジョーンズが「赤い納屋が見える」と信じた、としよう（それは確かに赤い）。この場合、ノージックの四つの条件すべてが満たされる。（たとえば条件(1)：かりに見えたのがニセの納屋だったとしよう。それは赤くペンキされていないから、「赤い納屋が見える」と信じることはない。）したがって、それは知識。これは困った説明である。「納屋が見える」は「赤い納屋が見える」から演繹される。ジョーンズは「赤い納屋が見える」を知っているのに、その明らかな帰結「納屋が見える」を知らない。これは奇妙である。

第8章で見るように、ノージックの定義では、(知っている事柄のどのような論理的帰結も、もし論理的演繹を実際に行っているならば、知っている、とする)「閉包原理」(*closure principle*) は必ずしも成立しない。ノージックは、「培養槽の中の脳」の例がそのケースであるとして、それを根拠に懐疑論論駁を行っている。クリプキの例も、自分の定義下では閉包原理が成立しないことを物語るものだ、とノージックは言い逃れるかもしれない。しかし、培養槽の中の脳の例以上に、直観に反しているのはノージックの定義の方だ、と言いたくなる。

安全性説

ノージックは、現実と少し異なる状況——可能的世界——を考えることにより、信念が知識であるために満たすべき性質を特徴づけようとしている。言い方を換えれば、「現実性」、「可能性」といった様相的条件 (*modal condition*) を使って知識を分析している。このアプローチはドレツキ (Dretske, 1971) やゴールドマン (Goldman, 1976) にあるものであるが、ソーサ (Sosa, 1999) が別のバージョンを提唱している。

ノージックの議論の中の閉包原理の拒否や懐疑論への一定の譲歩 (「私は自分が培養槽の中の脳ではないことを知らない、なぜなら、もし私が培養槽の中の脳であったとしても、私は自分が培養槽の中の脳ではないことを信じるであろうから。つまり、「私は自分が培養槽の中の脳ではない」という信念は敏感性の条件を満たさない」。第8章参照）において本質的に機能しているのは敏感性の条件（条件⑴）である。ソーサによれば、TB（真な信念）が知識となるために敏感性は必要ない。必要なのは次の条件である。

個人Sが現実世界において方法Mに基づき（たとえば直接見ることによって）pであると信じているものとする。

(＊) もし個人Sが方法Mに基づきpであると信じていれば、pは真である。
(*If S were to believe p based on M, then p would be true.*)

可能世界意味論で表現すれば、

(＊＊) 現実世界に類似したすべての可能世界において、もしSが方法Mに基づきpを信じていれば、pは真である。

要請(＊)を満たす信念は「安全である（危なげがない）」（*safe*）と呼ばれる。「安全性の条件（要請）」(＊)は、ノージックの「もしpが偽なら、Sは（方法Mに基づき）pであると信じないだろう」という敏感性の条件の対偶である（＊と同様ノージックの条件は接続法条件文で書かれており、そこでは対偶の法則は必ずしも成立しないから、二つの条件は同値ではない）[13]。ソーサによれば、知識に求められるのは敏感性の条件ではなく、安全性の条件である。すなわち、知識とは「安全で真な信念」である（K＝*safe*TB）。

Sが方法Mに基づきpを信じているケースのうち現実的なもの（現実世界に類似した可能世界）を考えよう。そのすべてにおいてpが真であることを安全性の条件は要請している。言い方を換えれば、方法Mに基づきpを信じていて、しかもpが偽という現実的な可能性はない、あるいは、pを信じていれば現実的な範囲でpは必ず真である、ことを要求している[14]。たとえば、「東京は日本の首都である」という私の信念は安全である（よほどのことがない限り、それが偽になることはあるまい）。だから、私は東京が日本の都市であることを知っている。ゲチアの最初の反例において、「ジョーンズはその仕事にありつくことになるただ一人の男で、しかも、彼のポケットには硬貨が一〇枚ある」というスミスの信念は、仕事につくのがスミスであるという現実に可能な状況（実際に起きた）において偽になるから、安全ではなく、従って知識ではない。条件が現実から多少ずれても信念の正しさが守られることを要求しているから、安全性の条件は信念の（統計学で言う）「頑健性」（ロバストネス）を要求していることになる。

この「**安全性説**」（*safety theory*）にも反例がある。

（解剖学）ジャックは医学生だが、人間の体の仕組みについてまったく知らなかった（高校までフットボールに夢中だった）。解剖学入門の授業中、ジャックは、先生から人間には脳があると聞いたような気がした。そこで、ジャックは、自分には脳があるという真な信念を持つことになった。この信念は安全である。なぜなら、ジャックがその信念をもっていて、かつそれが偽であるどんな可能世界（現実に類似した可能世界）も存在しないからである。しかし、ジャックは彼には脳があることを知らない。人間には脳があると先生が言ったように聞こえたのは彼の空耳だったからである。実際は、彼の先生は、ジャックを惑わすためにわざと人間には脳がないと言っていた。ジャックはそれを聞き違えたのである。[15]

ジャックがもっている「人間には脳がある」は安全で真な信念である。しかし、聞き間違えから生まれた信念だから知識とは言えないように思える。

また、ノージックの敏感性説に対するクリプキの反例は、安全性説に対してもそのまま成立する。ジョーンズは「赤い納屋（本物）が見える」ことを知っている。「赤い納屋（本物）が見える」を信じていて、それが偽となる現実的な可能性はないからである（「赤い納屋が見える」という信念は安全）。しかし、ジョーンズは「納屋が見える」ことを知らない。「納屋が見える」と信じていれば「納屋が見える」は必ず真であるとは言えない。その地方では、見えているのはニセ物である確率が高いからである（「納屋が見える」という信念は安全ではない）。ジョーンズは「赤い納屋が見える」を知っているのに、その明らかな帰結「納屋が見える」を知らない[16]）。

6　解決不能もしくは懐疑論？

ゲチアの問題提起を受けてさまざまな知識の分析が提案され、それらすべてに反例あるいは問題点が見つかっている。

問題が一向に収束しない状況を見て、多くの人々が問題およびその解決可能性について悲観論を述べている。

カーカム（Kirkham, 1984, p. 512）は、それまでのゲチア問題に関する諸議論を検討した上で、次のように結論している。

> 証拠が信念を必然化することを要求しない限り、どのような知識の定義にもつねに反例がある、と結論せざるをえない。他方、必然化を要求した場合、間違いなく、誰もほとんど何も知らない、ということになる。結局、ゲチア問題は解決不能か、もしくは懐疑論に陥るかのいずれかである。

「証拠が信念を必然化する」とは、証拠が信念に対する決定的理由となる、ということであろう。ゲチア型の反例を完全に除こうとすれば、証拠が決定的であることを要求するしかない。しかし、証拠が決定的であることを要求すれば（決定的な証拠など存在しないだろうから）懐疑論は避けられそうにない[17]。

この悲観的な診断を受けて、問題そのものの生産性を疑う議論がかなりある。比較的最近では、たとえば、ウィリアムソン（Williamson, 2000）が、

ゲチア問題は解決不可能である。認識論はもっと穏当な課題を追求した方がよい。たとえば、われわれの実践のなかで知識や知識帰属がいかなる機能を果たすかを考察すべきだ。

と主張している。

知識そのものの必要性を疑う議論もある。日常生活や科学において重要なのは信念が正当化されていることであり、正当化が保証されさえすれば、われわれは知識なしでもやっていける、というレーラー（Lehrer, 1971）やライト（Wright, 1991）、アーマン（Earman, 1993）らの「知識懐疑論」である。

ゲチア問題を解決するというプロジェクトそのものに不健全さを見る向きもある。

多くの人がゲチア問題には何かおかしなところがあると考えはじめてからおよそ十年になる。一九七〇年代初期までに、伝統的なＪＴＢ説に対するゲチアの反例（1963）を処理する数多くの分析が提出された：マイケル・クラーク（1963）の「偽な前提の排除解」、レーラー（1965）、レーラー＝パクソン（1969）にはじまるさまざまな「阻却可能性説」、ゴールドマン（1967）の因果説などである。それらの分析は別の反例に遭い、修正がさらに洗練された反例をもたらした。終わりが全然見えないどころか、収束に向かう兆しすら感じられない。そのような状態は哲学的問題一般について言えることだという異論があるかもしれないが、それは違う。ゲチア問題は特有の不評をかもしだしはじめているのだ。

このように主張するのはウィリアム・ライカン（Lycan, 2006）である。彼は、ゲチア問題特有の不健全さの理由を説明する問題を「「ゲチア問題」問題」（*the Gettier Problem problem*）と呼んでいる。

問題の前提そのものを疑う議論もある。ゲチアの問題をめぐる伝統的な議論には、「知る」にはただ一つの基本的用法があり、われわれはそれについて同じ直観をもっているという前提がある。ジョナサン・ワインバーグ、ショーン・ニコルズとスティーブン・スティッチ（Weinberg, Nichols, and Stich, 2001）による、異なる文化的伝統をもつさまざまな地域出身者に対する実証的研究は、この前提を疑問視する。彼らによれば、「知る」の用法（あるいは直観）は話し手の属す文化により変化する可能性がある。彼らが被験者に与えたのは、次のようなゲチアケースである。

（ビュイック）ボブには友人ジルがいる。ジルは長年ビュイックに乗っていた。ボブは、したがって、ジルがアメリカ車を運転すると思っている。彼は、しかし、彼女のビュイックが最近盗まれたことを知らない。そして、彼はジルがそれをポンティアックと入れ替えたことも知らない。ポンティアックはアメリカ車である。

被験者に対する質問は次である。

ボブはジルがアメリカ車に乗っていることを知っているか。それとも、単に彼はそれを信じているだけか。

実験結果によると、西洋人被験者の回答は、哲学の文献を読むことによって予想された回答と正確に同じであった（ボブは、ジルがアメリカ車を運転すると単に信じているだけである）。これに対し、東アジア出身の大多数の被験者は、それと正反対の答えを述べた（ボブは、ジルがアメリカ車を運転するということを知っている）。インド亜大陸出身の被験者は、さらに強く互いに異なる直観を回答した。

この実験結果には多くの説明がありうる。回答の多様性は、「正当化された」、「真」、「信念」、「知識」といった語の翻訳上の曖昧さに由来する可能性があるし、また、被験者たちの母国語の構造に依存している可能性もある。ひき続き行われた実験では、他のゲチアケースに対して、同様の結果を再現することはできていないとされる(*Gettier problem* 参照。彼らの研究が出発点の一つとなった「実験哲学」については第5章を参照)。

「知識に必要十分条件を与えるのは不可能であるだけでなく無用でもある」とさえ言われる厳しい状況であるが、問題の重要性を指摘する議論もある。少し前になるが、モイザー(Moser, 1992, p. 159)が次のように述べている。


(収拾のつかない状態を見て)ゲチア問題の哲学的重要性を疑う人々もいる。そのような疑いは間違っている。命題知の本性を理解するというのは認識論の根本的な問題である。そして、命題知とは何かを明らかにしようとするとき、求められるのはゲチアの反例に耐える分析(*Gettier-resistent analysis*)である。ゲチアの反例に耐えない分析は、何かが欠けていることになる。したがって、どのように難しかろうとも、ゲチア問題に対し擁護可能な解決をえることは、認識論的に重要な課題である。

本書は、モイザーの不屈な見解に従う[18]。次章では、証拠にカーカムの言う「必然化」を要求しつつ（この場合、ゲチアの反例にさらされない）、懐疑論に陥らない道を探る。

註

(1)「知る」にはいくつか異なる用法がある。われわれは「私は彼を知っている」、「彼女はエクセルの使い方を知っている」などと言う。前の場合の「知る」は「見知りによる知」(*aquaintance knowledge*)、後の場合の「知る」は「操作知」(*procedural knowledge* or *know-how*) と呼ばれる。これに対し、「私はウェリントンがニュージーランドの首都であることを知っている」、「紫式部が『源氏物語』の著者であることを彼女は知っている」等は、「命題知」(*propositional knowledge* or *know-that*) と呼ばれる。本書で考察の対象とするのはもっぱら命題知である。

(2)ポロック (Pollock, 1999, p. 386) は、ゲチア問題について「興味をひく副次的な問題にすぎないのだが、それが認識論の流れを変えた」と評している。近年噴出しているゲチア問題に対する懐疑論については、本章第6節参照。

(3)ソクラテス＝プラトンはＪＴＢ説（知識とは「真な判断に説明（ロゴス）が付け加わったものである」）を受け入れていない。ゲチアの命名通り、彼の論文が発表される一九六三年までＪＴＢ説が標準だったというのは事実だろうか。これについて、プランティンガ (Plantinga, 1992, pp. 6–7) が興味深い指摘を行っている。「認識論族の伝承によれば、一九六三年までＪＴＢ説が認識論の標準の位置を占めていた、突然エドモンド・ゲチアがそれを粉々に破壊してみせるまでは。……ここには興味深い歴史的な皮肉が存在する。一人のすぐれた批判者が、破壊するというまさにその行為によって一つの伝統を創り出したのである」。ＪＴＢ説の支持者が実際いたとはいえ、ゲチアの論文により二〇世紀後半の分析哲学界に「知識の標準的分析」が現出したという側面はありそうである。

（4）Goldman（1976）.

（5）偽な前提を除いてもゲチア問題と同様の問題をつくることができることを最初に指摘したのは Feldman（1974）である。

（6）本章でとりあげる分析以外では、主なものとして、他に、阻却可能性分析（*defeasibility analysis*, Lehrer and Paxson, 1969, Swain, 1974）、関連選択肢説（*relevant alternatives theory*, Dretske,1970, Stine, 1976）、説明説（*explanation theory*, Rieber, 1999）、正当化された偽な命題の除去説（*no-justified-falsehoods theory*, Chisholm, 1977）などがある。それらとそれらへの反例については、Neta（2009, Chap. 1）を参照。はじめに述べたように、著者が次章で擁護するのは阻却可能性分析である。

（7）信頼性主義にはいくつか変種がある。信頼性主義を代表するのは信念の形成過程に信頼性を要求するゴールドマンの信頼性主義である。それは「過程信頼性主義」（*process reliabilism*）と呼ばれる。他に、「適切な機能説」（*proper function theory*, Plantinga, 1993）、徳信頼性主義（*virtue reliabilism*, Sosa, 2007）などがある。信頼性主義とその歴史については、Goldman（2008）を参照。これは信頼性主義をめぐる諸議論についての、ゴールドマン自身によるリビューである。

（8）ゴールドマンの識別の要請は、知識をもたらす過程について、関連する他の可能な過程すべてについてそれが当の知識を否定しないことを知識主体が確認していることをもとめている。ある事柄ｐを知っているためには、関連する代替選択肢（たとえば、ｒやｑ）が真である可能性をすべて排除する必要がある（そして、それで十分である）、とするのは関連選択肢説（*relevant alternatives theory*, Dretske, 1970, Stine, 1976、Lewis, 1996）である。ゴールドマンはときに関連選択肢論者に分類される。

(9) Lehrer (1990).

(10) Lehrer (1990). ゴールドマンの信頼性説には他にもいくつか問題点が指摘されている。Goldman (2008) 参照。

(11) ゴールドマンは、伝統的な規範的概念（評価概念）としての正当化の概念を排して、事実概念としての正当化概念を提案している。信念が「正当化されている」とはそれが事実と一定の（自然科学により分析されうる）関係にあるということであるとする外在主義（次節参照）の考え方は、クワイン以来の「自然化された認識論」(*naturalized epistemology*) プロジェクトの系譜上にある。クワインはよく知られた論文において「ヒュームの苦境は人間の苦境である」(*The Humean predicament is the human predicament*) と述べている (Quine, 1969, p. 72)。ヒュームの苦境とは、ふつう因果批判として知られている論証の末に彼が到達した「(感覚経験とその記憶を超えた) 経験的信念の正当化の試みは無限後退か独断論で終わらざるをえない、したがって、(感覚経験とその記憶を超えた) いかなる経験的信念も合理的な正当化をもたない」という結論である (本書第9章参照)。それが人間の苦境――われわれ人間には避けられない事態であることをクワインは認めていることになる。クワインは、認識論は信念の正当化の問題をあきらめ、感覚刺激からいかにして豊穣な科学的認識が生まれるかについての心理学的・科学的研究に道を譲るべきだ、と説いた。これが認識論の自然化のテーゼである。外在主義的立場をとりながら、ゴールドマンは規範的概念の色合いを強く含む正当化という言葉を使い続けている。ここに不徹底さを見る論者もいる (Kornblith, 2008)。Ichikawa and Steup, 2012, § 6 参照。

(12) 反事実条件を用いた知識の特徴づけ（敏感性の条件――条件(1)）においては閉包原理が成立しないという論点を最初に述べたのはノージックではない。ノージック自身認めているように (Nozick, 1981, Note 34)、それを最初に述べたのはドレツキ (Dretske, 1970, 71) である。ドレツキの分析においては、個人

Sがpであることを知っているのは、pが真、Sはpを信じている、の他に、Sがpを信じるための決定的な理由（*conclusive reasons*）をもつ場合およびその場合のみである。ここで、pを信じるための決定的理由とは、もしpが偽であったならば、Sが持たなかったであろうような理由（*If P were false, then S would not have the reason*）である。「もしpが偽であったならば、Sはpを信じるための理由をもたない」が成り立つとき、同じ条件下でSはpを信じないだろう。つまり、ノージックの敏感性の条件が成り立つ。ノージックにとって知識を構成する信念は事実を正しく追跡しなければならないが、ドレツキにあっては、事実を追跡しなければならないのは信念を背後で支える諸理由である。

(13)「方法Mによって」という制限について。わかりやすさのため述べなかったが、ノージックは敏感性の条件の修正の必要性を認めている（粘着性の条件についても同様であるが、ここでは敏感性の条件について述べる）。次の例を考える。

（祖母）　祖母は孫と会って、彼が健康であると信じた。しかし、もし彼が健康でなかったとしたら、孫の両親は（高齢の祖母に心配させないため、会わせず「彼は健康だよ」と説明することなどにより）この事実を隠しておいただろう。この場合祖母は孫が健康であると信じるだろう。

「孫は健康である」が偽でも、（会わせず「彼は健康だよ」と説明することなどにより）祖母は「孫は健康である」と信じるだろう。敏感性の条件を満たさないから、祖母は「孫は健康である」ことを知らないとなってしまう。しかし、直接会って見ているのだから、彼女はそのことを知っている。

このようなケースを排除するために、ノージックは敏感性の条件を次のように制限している。

Sは方法ｒに基づきｐであると信じているとしよう。
もしｐが偽なら、方法ｒに基づきｐであると信じることはない。

祖母は直接会って、見ることによって「孫は健康である」と信じている。「孫は健康である」が偽なら、（他のやり方で信じることがあっても）直接見ることによって「孫は健康である」とは信じないだろう。祖母の「孫は健康である」という信念は制限された敏感性の条件を満たしているから、彼女はたしかに「孫は健康である」ことを知っている。

ソーサも、同様な理由により安全性の条件に「方法Mに基づき」という限定を課している。ある事柄を信じる場合、一定の方法に基づき信じるだろう（たとえば、直接見ることにより、あるいは顕微鏡を用いて信じる）。「その方法に基づく信念」が多少の環境的条件の変動により変化することはない、とソーサの安全性の条件は要求している。

（14）ここに見られる「必ず」をウィリアムソン（Williamson, 2009）は「局所的必然性」（*local necessity*）と呼んでいる。

（15）Neta（2009）.

（16）近年のソーサは安全性説に対する批判を受け入れ、安全性の条件をここで述べたかたちで知識のための必要条件とする立場から離れている（Turri, 2011）。ソーサはもともと「徳認識論」（*virtue epistemology*）の提唱者である。粗く言えば、この立場によれば、ある信念が知識であるのは（あるいは、正当化されているのは）、それが、ある適切な環境下において知的徳（*intellectual virtues*）をもつ人により、その能力（徳）を適切に用いて得られた場合およびその場合のみである。知識生成過程の信頼性を知識主体の知的能力の適切な行使により保証しようとしているから、徳認識論はふつう信頼性主義に分類される。

ソーサは、安全性の条件を完全に放棄したわけではなく、徳認識論の枠組のなかでそれを生かそうとしている（Sosa, 2007, 2009）。この展開については、Turri（2011）参照。

（17）論理的にゲチア問題から逃れえないことの指摘はザグゼフスキー（Zagzebski, 1994）にもある。彼女によれば、知識命題の特定の分析が与えられたとき、つねにゲチア型の反例（ゲチアケース）を作ることができる。彼女は作成法（レシピ）まで述べている。ザグゼブスキーのレシピをより簡単にしたのが、トゥーリ（Turri, 2011）の次のレシピである。

（1）知識であるために求められる正当化の要請を満たすだけ十分に正当化された（もしくは「保証」された）信念Bを用意する。

（2）次に、信念Bに不運を加える。その不運は、通常、正当化された信念Bが真であることを妨げる。

（3）最後に、不運を打ち消す幸運を加える。この幸運によって、信念Bが最終的に真となる。

ゲチアケースの一つ（フォードの例）を例に、このレシピを確かめてみよう。

（フォード）　サラは彼女が信頼する同僚ノゴーが新しいフォードに乗って事務所に通勤してきたのを見た。ノゴーはサラに、フォードの新車に夢中だと言った。ノゴーを疑う理由はまったくないので、ノゴーはフォードを所有しているとサラは信じた。このことから、サラは、彼女の勤め先にはフォードの所有者がいると推理した。しかし、このときノゴーは普段の彼に似合わずふざけていた。実はそのフォードは彼のものではなかった。サラの知らないことであったが、最近採用され、その日はじめて出勤した事務員ハーヴィットがフォードを所有していた。

この場合、(1) 問題になる信念は「サラは、勤め先にフォードの所有者がいると信じている」であり、(2) 不運は、ノゴーがサラをからかっていた、であり、さらに、(3) 幸運は、同じ事務所の新採用の事務員がたまたまフォードを所有していた、ことである。この「幸運」により、「勤め先にフォードの所有者がいる」というサラの信念は正しくなる。サラの信念はＴＢ（真な信念、かつ正当化されている）である。しかし、知識ではない。

たしかに、この例は上のレシピに沿っている。トゥーリは、ゲチアケースは不運＋幸運の組み合わせで作られている、二重の運構造（*the double-luck structure*）をもつことがゲチアケースにとって本質的である、と指摘している。

ゲチアケースがこの構造をもつならば、反例の発生を完全に阻止するためには、(2)の不運の発生の余地をなくする――正当化（ないし保証）にある種の必然性、決定的性格を与えるしかなさそうである。

(18) 私見では、ゲチア問題自身に特有の問題はない。簡単に収束しないことは哲学上の問題一般の特徴である。他の問題との比較で言えば、よりクリヤーに問題が提示されていることがゲチア問題の特徴であろう（これはもちろん弱点ではない）。ゲチア問題が外在主義、実験哲学等の魅力的な考察をもたらしたことは、認識論に対する重要な貢献であると思う。

第2章　ゲチア問題──阻却可能性分析を擁護する

前章でゲチア問題およびそれに対する諸解答の概要を見た。解答は基本的には、内在主義アプローチ（K＝JTBに正当化を規定する第四の条件を加えるもの）と外在主義アプローチ（正当化条件を除去し、K＝TBにTとBの間の関係を規定する条件を加えるもの）の二種類に分けられる。

内在主義アプローチが「知る」に証拠による正当化を要求するのに対し、外在主義アプローチはそれを要求しない。外在主義アプローチの特徴は、動物や知能ロボットがいろいろなことを知っている、と比喩的ではなく語ることができるようになるという点にある。「……である」という主張と「……であることを私は知っている」という主張の違いは、後者が前者より強く、「私には自分の主張を支える、だれもが認める強い証拠があり、必要ならばそれを提出する用意がある」というタイプの主張を含んでいると考えるから、私は内在主義アプローチが「知る」の標準的用法を表現していると考える（別の言い方をすれば、「私はpであることを知っている。しかし、私にはpであることを信じる証拠がない」や「私はpであることを知っている。私はpであることの弱い証拠をもっている」は私には奇妙に聞こえる）。しかし、外在主義アプローチにおける「知る」がその興味ある拡張であることは否定しない。

ゲチアの反例を克服することを目標に置いた場合、内在主義アプローチの中で魅力的なのは「証拠がもたらす正当化には、それを覆す真な命題（反例）は存在しない」という要請を第四の条件として追加する「**阻却可能性分析**」（*defeasibility analysis*）である。これは一九七一年にピーター・クライン（Klein, 1971）とリスト・ヒルピネン（Hilpinen, 1971）が互いに独立に提案・擁護した立場である（ただし、基本的なアイデアはかれら以前にもあった）。

「知る」に「決定的証拠」があることを求めるこの分析は強すぎて「誰も何も知らない」という懐疑論に導く、等の理由により、その修正版はかなりあるものの、クライン、ヒルピネンのオリジナル版は現在見捨てられている格好になっている。ネタ（Neta, 2009, Note 11）が次のようにコメントしている。「レーラー＝パクソン（Lehrer and Paxson, 1969）がこの説（阻却可能性分析のオリジナル版——筆者註）を取りあげている。しかし、かれらはそれを支持しているわけではない。それを支持している哲学者を私は知らない。私がそれについて言及するのも単に（それと見かけ上似ている）私自身の説と区別するためである」。ネタは「それを支持している哲学者を私は知らない」と述べているが、彼が知らないだけで支持者はいる。クラインとヒルピネンである。少なくとも彼らはかつて阻却可能性分析のオリジナル版の支持者であった。オリジナル版は致命的難点をかかえているのだろうか。以下では、そうではないことを、阻却可能性分析のオリジナル版が知識文の分析の一つの候補たりうることを主張したい。

1　阻却可能性分析の古典的形態

あらためて述べれば、「阻却可能性分析」(*defeasibility analysis*)とは次のような型の分析である。

個人Sがpであることを知っているのは、次の(1)、(2)、(3)、(4)が成り立つ場合およびその場合のみである。

(1)　pは真である。
(2)　Sはpを信じている。
(3)　証拠があり、それによりSはpを信じることを正当化されている。
(4)　その正当化は阻却不能(*indefeasible*)である。すなわち、それを覆す真な命題は存在しない。

(1)から(3)までの条件により定義されるのが標準的分析で、それに条件(4)を追加したものが阻却可能性分析である。

条件(4)は、（条件(3)で存在を保証される）証拠eがpを信じることに対して与える正当化を覆す真な命題は存在しないことを要請している。(3)で言う正当化は実際決定的で、将来真な命題が見出され、それにより覆ることはない、というわけである。それでは、命題dが証拠eのもつ（pという信念に対する）正当化を覆す、とは何だろうか。

クライン（Klein, 1971）とともに阻却可能性分析を最初に定式化・擁護したヒルピネン（Hilpinen, 1971）は、命題dが証拠eのもつ（pという信念に対する）**正当化を覆す**ことを、「e∧d（eとdの連言）がpを（信じることを）正当化しない」ことと定義している。[1] 簡潔なこの定義を採用しよう。

さて、証拠のもつ正当化を覆す真な命題を、その正当化に対する「**反例**」（*defeater*）と呼び、正当化が反例をもつとき「阻却可能」（*defeasible*）である、いかなる反例も存在しないとき「**阻却不能**」（*indefeasible*）である、と呼ぶ。「反例」（*defeater*）という言葉を使えば条件(4)は次のように言い表される。

(4) **その正当化は阻却不能（*indefeasible*）である。すなわち、その正当化を覆す反例（*defeater*）は存在しない。**

この解釈の下、ある事柄を知るとはそれについて阻却不能な、正当化された真な信念（*indefeasible justified true belief*）をもつことである、言い方を換えれば、知識とは「決定的な（決して覆ることのない）証拠をもつ真な信念」である。

この定義の下、たとえば、私は月が地球のただ一つの衛星であることを知っている。なぜなら、月は実際地球のただ一つの衛星であるし、それを私は信じているし、さらにそのために十分強い証拠をもっている（私は学校で太陽系の仕組みについて習ったが、そのとき月が地球のただ一つの衛星であると教えられた。以来、それに反する事実を耳にしたことがない）。最後に、それらの証拠は十分強く、真であることが判明すればそれらが与える正当化が間違っていることを告げる真な命題は存在しない、すなわち、将来にわたって、それらを覆す事実は発見されない（この最後の主張は強すぎるというのがこの分析に対する中心的な異論の一つだが、これについては後で考察する）。

一般に、知識を構成する正当化に阻却不能性を要請する分析は「阻却可能性分析」（*defeasibility analysis*）と呼ばれる。阻却可能性の解釈について（したがって、条件(4)の定式化について）異なる見解がいくつかある。それらの中で、上で述べた型のもの（基本的に、クライン（Klein, 1971）とヒルピネン（Hilpinen, 1971）による）は最もシンプルなものである。それを**「阻却可能性分析の古典的形態」**と呼ぶことにする。私が擁護するのは、このかたちでの阻却可能性分析である。以下、断りがない場合「阻却可能性分析」により古典的形態をあらわすことにする。

2 阻却可能性分析の二つの魅力

阻却可能性分析には二つの魅力がある。

(5) 知識がわれわれの信念体系における最終審であることを表現している。

(6) すべてのゲチア型の反例から免れている。

前者について、ある事柄を「知っている」と言い、かつ、それが受け入れられれば、その事柄についての探求が終了することはその通りであろう。

後者：ゲチア型の反例は、知っていることを（提案された分析が求める意味で）正当化する証拠が不十分であることから発生している。阻却可能性分析は、証拠が覆らないものである（決定的である）ことを要求するから、証拠が不十分であることから発生する問題は生じない。

3　阻却可能性分析の修正の試み

ある意味自然な定義であるので、阻却可能性分析（この節では一般的な意味でこの言葉を使う）の歴史は古い。スウェイン（Swain, 1974）は、それら自身阻却可能性分析と名乗っているわけでは必ずしもないと断りつつ、この分析に分類されるものとして、Sosa（1964, 1970）, Lehrer（1965）, Lehrer and Paxson（1969）, Harman（1970）, Lehrer（1971）, Klein（1971）, Hilpinen（1971）, Swain（1972, 1974）を挙げている。ゲチア論文（1963）に対する最初の反応の一つが阻却可能性分析だったと言える。

スウェインによれば、この分析は、道徳的義務に関するチザム（Chisholm, 1964）の分析に源をもつ。チザムは、道徳的義務を「一応の義務」（*prima-facie obligation*）と「絶対的義務」（*absolute obligation*）に区別するにあたり、阻却可能性の概念を用いている。p、qを事態とし、「pがqを要求する」という概念を考える。pが起きたとき、他の事情にかかわらずqを引き起こす（そのように行為する）ことが要求されるとき、それが「絶対的義務」である。pが起きたとき、同時に起きた他の事態によっては、qを引き起こすことが必ずしも要求されないとき、それが「一応の義務」である。一応の義務は事情によっては実行することが要求されないものであるということになる。p、qを命題として「pがqを正当化する」という関係について、同様の区別――「一応の正当化」（覆ることがありうる）と「絶対的正当化」（覆ることはありえない）の区別――が可能であることを、チザムは示唆していた。

自然であるように思われるものの、クラインとヒルピネンの分析は大方の受け入れるところとはならなかった。以後、文献のなかで、阻却可能性分析の古典的形態（もしくはそれに近い分析）がそのまま主張・擁護されているケースはないようである。阻却可能性分析としてしばしばとりあげられるのは、レーラー＝パクソン（Lehrer and Paxson, 1969）やスウェイン（Swain, 1972, 1974）、ネタ（Neta, 2010）などだが、かれらは阻却可能性分析の古典的形態ではなく、その修正版を提案している。

簡単に言えば、レーラー＝パクソンは、正当化を覆す反例の範囲をある仕方で限定している（可能な反例の集合から幻惑的な反例――後述――を除く）。スウェインは可能な反例を現在の証拠から見て関連するものに限定することを提案している。ネタは、理由が決定的である（阻却不能である）ことが本人に知られている、ことを要求している――彼によれば、知識とは、覆ることのない証拠（*infallible evidence*）（か、つ、そ、う、で、あ、る、こ、と、が、知、ら、れ、う、る）に基づく真な信念である。

4　修正の二つの理由

なぜ阻却可能性分析を修正するのか。二つ理由がある。

（7）阻却可能性分析は「幻惑的な反例」（*misleading defeater*）を処理できない。

（8）正当化が決して覆らないことを要求する阻却可能性分析は厳格すぎて、誰も何も知らない、という懐疑論に陥る。われわれはいろいろなことを知っているというのが常識である。それと衝突する。

5　幻惑的な反例の問題

上の二つの理由は、阻却可能性分析の致命的な難点だろうか。そうではないことを述べる。（7）の問題を考えよう。次のような話を考える（Lehrer and Paxson, 1969）。

（トム・グラビット）　トム・グラビットが図書館の本を盗んだところを君は見た。君はトム・グラビットをよく知っている。だから、盗んだのはトム・グラビットだという君の信念は正当化されている。したがって、（標準的定義によれば）そのことを君は知っている。しかし、トム・グラビットの母親が、息子を守るために、トムにはよく似た双子ジョンがいて、盗んだのはジョンのほうだ、と警察に申し立てたとしよう。そしてさらに、君はその申し立てをまったく知らなかったとしよう。この場合、トム・グラビットが図書館の本を盗んだことを君はもはや知ってはいない、ということになる。彼の母親がそう申し立てたという言明が、トム・グラビットが盗んだことに対する君の正当化を覆すからだ。しかし、このケースでは、君はそのことを知っている、とすべきだ。

母親の偽証（「トムは本を盗んでいない、盗んだのは双子のジョンだ」という発言）がこの場合の幻惑的な反例である。本来、それは正当化を覆さないのに、阻却可能性分析では、そうではない、ということになってしまう。このような幻惑的な反例は、阻却可能性分析で言う正当化を覆す反例（*defeater*）から除くべきだ、しかし、阻却可能性分析にはその用意がない、だから不十分、ということになる。

しかし、母親の証言内容は偽である（事実ではない）。阻却可能性分析において、反例は真な命題に限られる。したがって、それ（母親の証言内容）はもともと阻却可能性分析において反例ではない。何が問題なのか。

この場合母親の証言内容は偽なのだが（つまり、母親はうそをついているわけだが）、（母親の証言を聞いたとき）そうでないことは君にはわからない。本物の反例かどうか区別がつかない。本物なら、もちろん「トムが本を盗んだことを君は知らない」、偽物なら、「知っている」と判断するところだが、本物／偽物が識別できないから、知らない／知っている、どちらとも言えない。このことが問題である。すると、ここで扱われているのは、「Sはpであることを知っている」という文の真理条件ではなく、主張可能性条件（その文をどのような場合主張できき、どのような場合主張できないかを定める条件）であることになる。今問題になっているのが、知識文の意味つまり真理条件であるとすれば（実際そうだと考えるが）、幻惑的な反例は阻却可能性分析にとって問題ではない（問題が発生するとすれば、知識文の使用の場面である）。

6　懐疑論の問題

いま一つの（おそらく、より重大な）問題(8)。阻却可能性分析は、「誰も何も知らない」という極端な懐疑論に導くのだろうか（一九七〇年代後半以降、阻却可能性分析の古典的形態が支持を失った主な理由は、この点についてのスウェイン（Swain, 1974）等による批判であった）。

阻却可能性分析に含まれる「正当化を崩す反例が存在しない」（正当化は決定的である）と

いう要求がここでの問題である。一般に、当該命題pに関する正当化について、それが決定的であると言い切れるか。論理的には、そうは言い切れない。しかし、反例が存在しないことを断言できない、というだけでは、正当化が決定的ではない、当該命題を知らない、とは言えない（「反例が存在しないことを断言できない」と「反例が存在する（決定的ではない）」は別のことである）。反例が見つかれば、条件(4)が満たされず、知らない、ということになる。しかし、反例が発見されていない段階では、知らないとは言えない。高々、知っている（正当化を覆す反例は存在しない）という主張は間違っているかもしれない、と言えるだけである。懐疑論が、ある範囲の事柄について何も知らない、あるいはほとんど何も知らない、という主張であるとすれば、ここにあるのは懐疑論ではない[2]。

反例が見つかっていない段階では、知らないとは言えない、はよい。では、「知っている」と言えるだろうか。この分析の意味で「Sはpを知っている」は真と言えるだろうか。「彼は確かにそのことを知っている」（「彼がそのことを知っているのは真」）とわれわれは言うではないか。

「Sはpを知っている」に対する正当化（証拠）を覆す反例を探し、それが見つからなかったとしよう。他のすでに（真として）受け入れられている知識文とそれらがもっている正当化（証拠）を参照の上、当の正当化（証拠）に反例はないと判断して、Sはpを知っていると断定する――「Sはpを知っている」という文を真と認める、換言すれば、その信念を知識という「公共圏」(信念の集合の中で公共的な承認を得ることができるものの集合)に組み入れることを認める――ことに特段の問題はない、と思われる。

知識文が真であることを一〇〇%の確実性をもって断言することはできない。しかし、それは、自然法則も事情は同じである。「すべての惑星が楕円軌道を描く」が偽である論理的可能性はある。そうであるにもかかわらず、証拠に基づきわれわれは多くの自然法則を受け入れている。知識文もそれと同じである。知っていると(つまり、正当化を覆す反例がないと)一〇〇%の断言はできないものの、これまでの経験からそれはまず間違いないと考える。だから、知っていると言う。

知られる対象により、また発話の文脈により、知っていると主張できるために求められる証拠、理由の強さ(受け入れの基準)は異なる。ゲチアの反例は、証拠の強さが「知る」(阻却可能性分析の意味でのそれ)が要求するレベルまで届いていないことから発生している。それらは、知っているという判断が間違いだった、ということを示すにすぎない。

阻却可能性分析の下で、もしあることを知っているのなら、その基礎になる覆ることのない理由(正当化)が存在する。当該信念は(決して覆らないという意味で)絶対確実である。しかし、知識であるための理由として考えているものが決定的理由であるかどうかについては(あるいはさらに、知っている、という主張が正しいかどうかについては)、つねに不確実性が伴う。知る、という判断に伴うのは、論理的にはつぶれる可能性をともなった確実性――経験的確実性である（知識判断は間違いうる（*fallible*））。この不確実性は知識判断に限らない。すべての経験的判断に伴うものである。従来知識とされてきたものが新しい知見によりその資格を失い、「公共圏」から除かれることはふつうにあることである（しばらく前までわれわれは冥王星が惑星であることを知っていると考えていたと思うが、現在はそうは考えない）。

知識文の主張可能性について幻惑的な反例の問題はある。科学法則の場合でも、幻惑的な反例、見かけ上の反証という問題はある。それに対する特効薬はない。時間をかけて、それをそれとしてつきとめていけばよい。調べていけば、やがて母親が偽証していたことがあきらかになり、それは「トム・グラビットが図書館の本を盗んだことを君は知っている」ことを覆さないことがわかるであろう。

7　超越的概念としての「知る」

以上、ある事柄を知るとはそれについて阻却不能な、正当化された真な信念をもつことである、という阻却可能性分析（その古典的形態）を擁護した。

阻却可能性分析の古典的形態においては、「知る」は、「円」や「正義」等と同じく経験を超える超越的概念の一つである。私の考えでは、われわれはそれを使いこなしている。特定の文脈において、証拠が決定的ないし阻却不能であると判断すれば、われわれは「知っている」と言う。あるいは、他者が知っていることを認める。証拠を得るためのコストもその判断の決定要因の一つになる。われわれは、文脈により、この定義の意味で「……を知っている」と主張することができる。しかし、「知る」の定義から、反例が見つかると、その主張は偽となるから（この意味で知識主張は間違いうる）、そして、「知っている」というのは最終的判断だから、軽々に「知る」と主張すると、下手をすると「軽い人物」、「信用できない」、「うそつき」と評されてしまうので、慎重に使ったほうがよいことになる。実際、われわれは多くの場合このことを理解して「知る」を使っているように思う。

この定義によれば、知るとは大胆な語である。未知のケースについての主張を行っているからである。しかし、この大胆さは自然法則とされる諸命題と同じである。大胆な語の使用が許されるのは、すべてわれわれの事情による、というわけではない。「知る」と述べた後、ボールは自然の側にある。安定した宇宙に暮らしていることが、知識を知識たらしめている。この事情は自然法則と同じである。

超越的であることはよいが、強すぎる、「知る」ということでわれわれは予見できる未来について主張しているにすぎないのではないか、という異論があろう。たしかに強すぎるかもしれないが実質的に無害な強さである。この定義による「知る」は一万年後に反例が発見される可能性やわれわれが培養槽の中の脳であることを排除している。しかし、これが誤りであるとしてもわれわれの生、言語活動には無害である。許容できる強さであると思う。

以上、二つの章を使い、ゲチア問題およびその解の提案を述べた。本章を終えるにあたり、問題そのものについてふりかえってみたい。前章で見たように、問題そのものに対する懐疑論を含め多様な意見が提出されている。解を追及することに意味を認める立場に限れば、「知識とは真な信念のなかの特別なものである」という点では（内在主義者、外在主義者問わず）大方の意見は一致している。ゲチアの反例は真な信念であってもまぐれ当たりでは知識とは言えない、と指摘している。この見解についても大方の意見が一致していると見てよいだろう。まぐれ当たりをいかに排除するかがゲチア問題であることになる。ゲチア問題に対していろいろな解決の提案があるわけだが、それらの違いはまぐれ当たりの排除法の違いである。まぐれ当たりを排除するために信念に証拠による正当化を求める立場と求めない立場がある。ラフに言って、因果説は信念が事実により引き起こされたことを求め、信頼性説は信頼できる認知過程により形成されたことを求める。トラッキング説や安全性説は、事実と信念との絆がある範囲の反事実的状況においても保たれる強靭なものであることを求める。証拠による正当化の存在を不可欠と考える阻却可能性分析は、真な信念を支える正当化が新たな事実の発見により覆らないことを求める。関連代替選択肢説は、証拠が、問題の命題と関連する範囲のライバル仮説（関連代替選択肢）が正しいという可能性を排除する力をもつことを要求する。各提案が難点をもつとされているわけであるが、そして本章では阻却可能性分析のあるバージョンを擁護したわけであるが、提案を評価する際必要な、何が知識かに関する直観において個人差がある可能性は否定できない。「知識とは真な信念のなかでまぐれ当たりではないもの」あるいは「確固とした正当化のある真な信念」程度の把握で、知識概念の把握としては実際上さしあたり十分かもしれない。実践的には、ある事柄が知られていると言われる場合、その事柄が真であることが含意されていること、(内在主義者にとって)確固とした証拠が存在することが含意されていることが重要であろう。

註

(1)この定義に若干問題があることを、クライン(Klein, 1971)自身が指摘している。次の例を考える。

(マジシャン) ジョーンズが、はじめて知人Mの家に行くとする。炉棚に花が飾ってあるのを見た。そして、その晩中、多くの客やMがその花について話していた。それらのコメントには矛盾がなかった。後にMがマジシャンで、炉棚にたくみにつくられた花の幻影をつくって客を欺いて楽しんでいることを知った。ただその晩、Mは彼の古いトリックを使っていなかった。

ジョーンズはその晩「炉棚に花が飾ってある」ことを知っていただろうか。上の分析では、証拠eが命題pに対してもつ正当化を壊す反例dを、「e∧d(eとdの連言)がpを正当化しないもの」と定義している。この定義のもとでは、ジョーンズのもった最初の知覚的証拠と後で判明した事情dの連言はp(への信念)をなお正当化するから、dは反例ではなく、ジョーンズは「炉棚に花が飾ってある」ことを知っていた、ということになる。しかし、知らなかった、とすべきではないか(この場合の「炉棚に花が飾ってある」というジョーンズの信念は偶然事実と一致していたにすぎない、それは知識ではなく、まぐれ当たりにすぎないのではないか）。

この議論では定義の修正が必要となりそうだが、そうだろうか。Mがマジシャンで、炉棚にたくみにつくられた花の幻影をつくって客を欺いて楽しんでいることをジョーンズは後で知ったことになっている。「Mがマジシャンで、炉棚にたくみにつくられた花の幻影をつくって客を欺いて楽しんでいる」（d'）は明らかにジョーンズがもっていた知覚的証拠がもたらす正当化に対する反例である。知覚的証拠とd'の連言は「炉棚に花が飾ってある」ことを信じることを正当化しない。だから、その晩、ジョーンズは「炉棚に花が飾ってある」ことを知らなかった（このように説明できる）。

（2）クライン（Klein,1971, p. 480）が同様の指摘をしている。彼は懐疑論を次の三種類に分け、阻却可能性分析のもとでは、

（1）四番目の条件が満たされることをSは決して知りえない。だから、Sが何かを知ることはありえない。

（2）四番目の条件が満たされると主張することをSは決して保証されない。だから、Sがpを知っていると主張することは決して保証されない。

（3）四番目の条件が成り立つことをSは決して知りえない。だから、Sがpを知っていることをSが知るということは決して真ではありえない。（KK原理——人がある事柄を知っているためには、そのように知っていること自身を知らなくてはならない——が成り立たない）

（1）は本文がとり上げた懐疑論である。（1）に対しクラインは、「四番目の条件は「反例が存在しないこ

とをSは知っている」ではない。反例が存在するかどうかを知ることなしにSはpを知ることができる。その条件が主張しているのは、単に彼のもつ証拠には反例は存在しない、ということだけである」と指摘している。

(2)については次のように述べている：Sがpであることを知っていると主張したり信じたりすることは（pに対する反例がないということが彼にとって明らかであるならば）、正当化されうる（*warranted*）。いかなる疑いもなく、ということではないものの、多くの場合、合理的な疑い（*reasonable doubt*）も免れている、ということがありうる。

(3)について：「Sはpであることを知っていることを知っている」ことが成り立つためには、（知識であるための）四つの条件がすべて満たされる必要がある。これは可能である。逆に言うと、上の定義はこのこと（KK原理）を排除していない。

第３章　「知る」は指標詞か

「Ｓは命題ｐを知っている」という文はしばしば、そのように発話する者がＳにｐについての知識を帰属させた文（知識帰属文）であるとみなされる。この文について、発話される文脈によって意味（真理条件）が変わるという見方と変わらないとする見方がある。前者の見方をとるのが認知的文脈主義（*epistemic contextualism*）、後者が認知的不変主義（*epistemic invariantism*）である（以下「認知的」を省略[1]）。

「私」、「今」、「ここ」はいわゆる指標詞（*indexicals*）である。それらは文脈に相対的に対象を指示する。筆者が「私は鳥海山を見たことがある」と言えば、「私」は筆者を指す。ヒラリー・クリントンがそう言えば、「私」はヒラリー・クリントンを指す。「知る」も指標詞もしくは指標詞に似た語、発話文脈により意味を変える文脈敏感的語であると見るのが文脈主義であり、それを否定するのが不変主義である、と言ってよい[2]。

歴史的に先に登場したのは不変主義である（ピーター・アンガー『無知——懐疑論の擁護』（Unger, 1975））。不変主義にもいくつか変種がある。アンガーにより述べられた立場——知識帰属文の意味は文脈により変わらないという立場——を、さしあたり「アンガーの不変主義」と呼ぼう。文脈主義はアンガーの不変主義に対する批判者としてあらわれた（Stine 1976, Cohen 1986, Williams 1991, DeRose 1995, Lewis 1996）[3]。昨今の文脈主義の「繁栄」を見ると、そして、それに対する競合理論として最近登場したジョン・ホーソン（Hawthorne, 2004）やジェイソン・スタンレー（Stanley, 2005）の新しいタイプの不変主義を考えると、アンガーの不変主義は打倒された先の王朝のようにも思える。そうではない、それは現在なお文脈主義の最大の脅威である、と指摘するのが、文脈主義の主唱者の一人キース・デローズである。

デローズは最近、アンガーの不変主義の中心的論点を自ら再定式化した上で、それを論駁し文脈主義を擁護する新しい議論を展開し反響を呼んでいる（DeRose, 2002）。本章では、それを検証し、デローズの論駁にもかかわらず、アンガーの不変主義は今なお有力な選択肢であり続けていることを指摘する[4]。

1　懐疑論

不変主義と文脈主義間の主な争点は次の二点である。

A　懐疑論に対する解決力

B　知識論としての自然さ

アンガーの不変主義は、外部世界についてわれわれは何も知らない、という極端な懐疑論を導いた（アンガーは知識に絶対確実性を要求した。世界についての信念で確実なものはないから、われわれは何も知らない、となるように見える。ここから、この立場はしばしば「懐疑論的不変主義」（*skeptical invariantism*）と呼ばれる）。それを解消する有力な選択肢として登場したのが文脈主義である。文脈主義の魅力の一つが懐疑論をうまく処理するように見える点にあることは間違いない。はじめに、懐疑論とそれに対する文脈主義的解決を確認しておこう。

外部世界の実在に関する懐疑論で今日標準的なのは、「培養槽の中の脳」（*Brain in a Vat*）という仮説を使った議論である。ある晩寝ているところを拉致され、マッドサイエンティストにより脳だけ切り離され、電気的な仕掛けにより培養槽の中で生かされ、現実と完全に同じ経験をするように仕組まれたのが培養槽の中の脳である。それを使って懐疑論者は次のような議論を提案する。

懐疑論的論証（*skeptical argument*）

(1)　自分が培養槽の中の脳ではないことを私は知らない。
(2)　もし自分が培養槽の中の脳ではないことを私が知らなければ、自分に手があることを私は知らない。
　　したがって、
(3)　私は手があることを知らない。

同じ議論により、足がないことを私は知らない、……が結論できるだろうから、ほとんど全面的懐疑論である。これに対し文脈主義者は次のように応答する。

文脈主義による解決

培養槽の中の脳という懐疑的仮説の登場は「知る」が満たさなければならない基準を引き上げる（自分が培養槽の中の脳ではないことを言うためには、培養槽の中の脳であるという可能性を排除しなければならない——設定から、経験でこの可能性とそうでない可能性を区別することはできないから、これは非常に高いハードル）。その高い基準の意味で、手があることを私は知らない、とこの議論は言っている。これは間違いではない。たしかに高い基準の意味では私は手があることを知らない。しかし、そのことは日常的な知るの意味で手があることを私が知っていることと矛盾しない。日常的な文脈では、関連する代替可能性（たとえば、手術で両手を失っているのに「手がある」と判断してしまう）を排除できれば、手があることを知っていると言ってよい。培養槽の中の脳かもしれない、といった可能性は、この文脈では無関連であり、無視してよい。日常的文脈では、手があることを私は知っている。

批判

二つの文脈（哲学的文脈と日常的文脈）を区別、「知る」はそれら文脈に応じて異なる意味をもつとみなし、「手がある」を哲学的文脈では知らないが、日常的文脈では知っていると結論して懐疑的結論を無害化しようとするのがこの応答である。この解決に対する代表的な批判は次の二つである。

（1）「手がある」ことを厳格な文脈で知らないのなら、日常的文脈でも「本当は」知らないのではないか。つまり、懐疑論に譲歩しすぎているのではないか。

（2）「知る」を厳格に解釈した場合、培養槽の中の脳でないことを知らない、となるのは当たり前である。ゆるやかな意味（日常的意味）で解釈した場合でも知らない、したがって、その意味で手があることを知らない、というのが論証の主眼とみるべきだ。

文脈主義の応答は、そのように懐疑論を読む可能性を見逃がしている。文脈主義は、日常的文脈では培養槽の中の脳であるという可能性は無関連だから考慮しなくてよい、と言っている。しかし、文脈主義者が言っているのは、日常的文脈ではふつう培養槽の中の脳であるという可能性は無視される、という事実の報告ではないか。どのような根拠で「無視してよい」と言っているのか。懐疑論者は、日常的文脈でも手があることを知らない、と主張するに際し、その理由を論証のかたちで明示している。それに対し、そのようにはわれわれは「知る」を使っていない、と指摘するだけでは不十分である（Schiffer 1996, Feldman 2001, 山田 2007）。

文脈主義による懐疑論の解決がうまくいっていないことを認めるわけではないが、デローズは近年、B（知識論としての自然さ）の観点の重要性を指摘している。文脈主義と不変主義のうちどちらが正しいかに決着をつけるのはBである、すなわち、日常使われる「知る」の用法をどちらが忠実に表現しているかがポイントである（もし文脈主義が日常的用法を反映していないとすると、文脈の違いにより懐疑論に答えようとするアプローチはアドホックと言われても仕方がない）、そして、文脈主義こそ、この点ではっきりしたアドバンテージをもっている、と主張している（DeRose, 2002, 2005）。

しかし、デローズによれば、知識論としての自然さというまさにその点で、文脈主義は不変主義者からある重大な挑戦にさらされている。

2　意味論としての文脈主義とそれに対する代表的批判

ここであらためて、「知る」についての理論としての文脈主義を整理しておこう。それは、簡単に言えば、「Sはpであることを知っている」という文の真理条件は、発話者の置かれた文脈により変動する、とする説であるが、今少し詳しく述べれば次のようになる：「Sはpであることを知っている」という文はそれ自身では命題をあらわさない。特定の文脈で発話されてはじめて特定の命題をさす。それら諸発話により意味される諸命題の共通点は次である：pは真、Sはpを信じている、Sは知識のための基準を満たす。この基準（pを知っているためにpについてSがどの程度強い認識論的立場にいなければいけないかについての基準）は文脈により変動する。つまり、「Sはpを知っている」という文は、「Sはpを〈知って（認知基準S_C）〉いる」（C：発話者の文脈）という命題をさし、「知る」もしくは「知る」が成立するための認知基準S_Cは文脈ごとに変動する。

知識の理論としての自然さという点で文脈主義に加えられてきた代表的批判は次のようなものである（Black, 2006, §7）。

（1）　A（非文脈主義者）とB（文脈主義者）による次のような会話を考える。

A「あれはシマウマかい？」

B「シマウマだね」

A「だけど、実はうまくペイントしてシマウマにみせかけたロバである可能性を排除できる？」

B「できないね」

A「ということは、あれがシマウマだということを君は知らなかったということになるね」

B「そんなことはないよ。あれがシマウマだということを僕は知っていたよ。君の質問以後知らなくなっただけさ」

これはばかげた会話である。懐疑的可能性が言われただけでは知識の基準は変わらない（Yourgrau, 1983）。

（2）　文脈主義者によると、「それがシマウマであることをBは知っている」は、「ある基準に相対的に、それがシマウマであることをBは知っている」という意味である。知識帰属は暗黙裡に基準相対的——これが文脈主義者の主張である。しかし、これは間違っている。基準に相対的な言明を行うときに話者がその基準を自覚している、というのは言語学上の一般的な真理である。「ロンドンで雨が降っている」ことを単に「雨が降っている」と言う者は、「ロンドンで」ということは完全にわかっている。しかし、「あれはシマウマだということをBは知っている」と言うとき、「Bは特定の基準に照らしてそれを知っている」などと言っているわけではない（Schiffer, 1996）。

これらは文脈主義の自然性に対するかなり厳しい批判であると思うが、[5] デローズが文脈主義者にとっての本当の脅威と見るのはそれらではない。

3　保証された主張可能性異議

大学院生の頃デローズが、「手があることを私は知らない」という懐疑論の結論は、懐疑論者が誘う哲学的文脈（そこでは、私はもしかすると培養槽の中の脳であるのかもしれない、などという可能性が問題になる）ではたしかに真であるが、日常的文脈では偽である、同じ文でも文脈により真になったり偽になったりする、という文脈主義の主張を述べたとき、彼の指導教授の一人ロジャース・アルブリトン（Rogers Albritton）は即座に次のように反論したそうである。

文脈が変わっても「知る」の意味（真理条件）は変わらない。変わるのは「――は知っている」という主張の主張可能性である。主張可能性のためのゆるやかな基準を使う日常的文脈では（手があることを）「知っている」と言ってよい。厳格な基準を使う哲学的文脈では、「知っている」とは言えない。それだけのことではないか。

アルブリトンの反論に含まれる、「文脈主義は、知識帰属の主張可能性（*warranted assertability*）の条件の可変性を、その真理条件の可変性と取り違えている」という批判を、デローズは不変主義者が文脈主義を批判するときの基本的論点とみなし、それを「**保証された主張可能性異議**」（*the warranted assetability objection*, WAO）（あるいは「保証された主張可能性論法」（*the warranted assetability maneuver*, WAM））と呼ぶ。そして、DeRose (2002) において、この批判を吟味し、それを知識帰属の主張のみならず一般の主張について成立する、次のような一般的な論点に練り上げている。

文脈主義者は次のように考える：「Sはpであることを知っている」という文の真理条件は、それが発話される文脈（発話者の文脈）に応じて変動する。変動するのは、その文が真となるためにSが満足しなければならない認識論的基準である。たとえば「土曜日の午前中銀行が開いていることを私は知っている」という文についていえば、通常、二週間前土曜日の午前中銀行に行ったら開いていたという証拠により、真となる。しかし、今週中に入金しないと大変なことになるといった状況では、二週間前のことは十分な証拠とならず、銀行に電話して聞いてみたところ「開いている」という返事があった、等の証拠が必要となる。それがない状況では、当の文は偽となる。

これに対して、不変主義者は次のように指摘できる:「より強い認識論的基準に支配される文脈に移るにつれて知識帰属は主張できなくなる。これは確かにその通りだ。しかし、この事実はきわめて一般的な現象の一部にすぎない。そのような文脈では何事についても主張するのが難しくなる。ここには知識帰属について何ら特別なことはない。主張が保証をもつための条件が上昇することは一般には真理条件の変化を伴わないから、文脈とともに知識帰属文の真理条件が変わると考える理由は何もない。「土曜日の午前中銀行は開いている」という文を考えよう。ふつうの状況では、二週間前開いていたという証拠により真となる。それが真か偽かにより大きな違いのでる状況では、その程度の証拠では真とは認められない。もっと強い証拠が求められる。しかし、だからといって、文の真理条件そのものが変わるわけではない。「私は、土曜日の午前中銀行が開いていることを知っている」という文についても同様である。簡単に言えば、文脈主義者は、知識帰属が主張可能であるための条件（*warranted assertability* の条件）の可変性をその真理条件の可変性と取り違えている」

これがデローズの言う「一般性異議」（*the generality objection*）である。デローズが、文脈主義にとっての「真の脅威」、文脈主義に対する「きわめて重大な挑戦」と認めるのはこれである。

近年新しい種類の「不変主義」の立場が提唱されている（「主体敏感的不変主義」（*subject-sensitive invariantism*, Hawthorne, 2004）、「関心相対的不変主義」（*interest-relative invariantism*, Stanley, 2005））。しかし、デローズはそれらをさしたる脅威だとは認めない。「古典的不変主義」（*classical invariantism*）――ホーソンやスタンレーらの「不変主義」に対し、アンガーが最初に述べ、ここまで説明してきた立場（知識帰属文の意味は文脈により変わらないという立場）をデローズはこう呼ぶ――による一般性異議を文脈主義にとって真の脅威、文脈主義に対するきわめて重大な挑戦と認める。本章で「不変主義」と呼ぶのも古典的不変主義の意味でのそれである。[6]

4 反論――デローズの演繹

一般性異議に対し、デローズは次のように反論する。

ある文が主張可能かどうかは文脈により変わる。これは不変主義者も認める。さらに、ある文ｐが主張可能なのはそれを知っている場合のみである（これを「主張の知識説」（*the knowledge account of assertion*）と言う）。この二つから文脈主義が演繹される。

ある文ｐが主張可能なのはそれを知っている場合のみである、というムーア（Moore, 1962）やウィリアムソン（Williamson, 2000）の主張の知識説はきわめて説得力ある立場であり、それは不変主義ではなく文脈主義を含意する。

念のため、主張可能性の文脈依存性と主張の知識説とから文脈主義が導かれる、という主張を確認しておこう。文ｐについて、

A　任意の文脈Xにおいて、ｐが（個人Sにとって）文脈Xで主張可能であるのは、Sがｐを文脈Xで知っている場合およびその場合のみである。（主張の知識説）

B　Sにとってｐが主張可能であるかどうかは、文脈により変化する。（主張可能性の文脈依存性）

とおく。

ある文脈1で（Sにとって）pが主張可能である、とする。……(1)

文脈2（文脈1と異なる）で（Sにとって）pは主張可能ではない、とする。……(2)

（Bよりこれは可能である。）

(1)とAより、

文脈1でSはpを知っている。……(3)

(2)とAより、

文脈2でSはpを知らない。……(4)

(3)と(4)より、

C　Sがpを知っているかどうかは文脈により変化する。（文脈主義）

と結論できるから、デローズの主張は受け入れてよいようだ。

不変主義では「Sはpを知っている」の真理条件は文脈によらない。「Sはpを知っている」がある文脈で真ならば、他の文脈でも真である。よって、上の議論の結論は不変主義と衝突する[7]。

5 検証——論証の前提に説得力があるか

先に述べたように、ある文が主張可能かどうかは文脈により変わることは不変主義者も認めるから、問題は、

A 任意の文脈Xにおいて、pが（個人Sにとって）文脈Xで主張可能であるのは、Sがpを文脈Xで知っている場合およびその場合のみである。

という主張の知識説の説得力であることになる。ムーアやウィリアムソンを引き合いに出して、デローズは大分自信があるようだが、かなり問題をはらんでいる。

難点1　反例

pを知っていればpは主張可能。これはいいだろう。その逆、pが主張可能ならばpを知っている（pを知らなければpは主張可能ではない）。これはどうか。主張可能だが知らないケース（言い方を換えれば、知らないけれど主張可能なケース）があるだろうか。

「犬が吠えている。しかし、私はそれを知らない」という「ムーア文」（Moore 1962, p. 277）。これはたしかに、主張可能だが知らない、と言うことが奇妙なケースではある。

しかし、選挙開票速報を考えよう。三％開票の段階で当選確実の速報が出される。その候補者が当選する（だろう）ことを速報者が知っている、とは言えないだろう。しかし、主張可能であるようにみえる。(8) しばらく前の中国製毒入りギョーザ事件において、警視庁は「毒は国内以外の場所で入れられた」と断定している。そのことを警視庁が知っているわけではないだろう。

ワイナー（Weiner, 2005）に同様の指摘がある。彼によれば、（それまでの対戦経験に基づくジャック・オブリー提督の）「フランス軍は夜を待って攻撃をしかけてくるだろう」といった予測や「これはモリアーティ教授の仕業だ！　彼の天才のしるしがある」（シャーロック・ホームズ）といった（犯行の）推定などが、主張の知識説への反例になる。（これらは「主張の確率説」（*probability account*）に沿う例である。それによれば、文が主張可能なのは、十分確からしい場合およびその場合のみ。他に「主張の真理説」（*truth account*）――文が主張可能なのは、それが真である場合およびその場合のみ――がある。）

もちろん知識をバックにある事柄が主張されることはある。しかし、多くの場合、知識（確実性あるいは確率1）の圏外で主張がなされる、したがって論争が交わされるのではないか。主張が興味深いのはそのようなケースではないか。そうでないケースでは、「論争」は知識の相互承認とともにただちに消滅する。

ウィリアムソン（Williamson, 2000, Chap. 11）は、「知っている場合に限り主張すべきだ」と勧告している。一見合理的にみえるアドバイスだが、これでは世の有意義な論争は消滅してしまうだろう。

難点2 主張の知識説は不変主義者を助けない

先に「ある文が主張可能かどうかは文脈により変わることは不変主義者も認める」と述べた。これがデローズの議論の前提である。彼の議論は次の構図をもっている：「ある文が主張可能かどうかは文脈により変わる」は、不変主義者の一般性異議の前提の一つである。それを逆手にとろう。それが実はいまひとつの自然な仮定とあいまって、不変主義ではなく文脈主義を含意することを言ってやれば、不変主義者も認めざるをえないだろう。しかし、この議論は不変主義者にとってはなはだ不本意なものである。不変主義者にとって、知識帰属文は非常に強い主張を行っており、真理条件が含む要求を完全に満たすことを確認することは不可能もしくはむずかしい。そこで、その代わりとして知識帰属文が主張可能であるための条件を探している。この条件は文脈により変わることを不変主義者は認める。この状況で、デローズは、ある文が主張可能なのは、それを知っている場合に限る、という主張の知識説をもちだす。つまり、あなたが問題の知識帰属文を知っている限り、あなたはそれを主張可能である。不変主義者は当惑する。それでは、私が問題の知識帰属文を知っているということはどういう場合主張可能か？　答え：あなたが問題の知識帰属文を知っていることを知っている場合である。これに対し、不変主義者は同じ問いを繰り返すことになる。以下同様。つまり、デローズの解答は不変主義者の問いの答えになっていない（Leite, 2007に同じ趣旨の批判がある）[9]。

6　結論

以下のことを指摘できる。

（1）デローズは、知識の理論として文脈主義が不変主義よりすぐれていることを決定的に論証することに成功していない。

（2）文脈主義は主張可能性の可変性にすぎないものを真理条件の可変性と取り違えている、という批判はなお有効である。また、知識基準の移動を使った懐疑論に対する文脈主義的解決は、一般にはそのような基準の移動はないからアドホックである、という批判にさらされている。

(3) 結果として、不変主義(古典的不変主義)は、知識論における有力なパラダイムとしての資格を失っていない。不変主義は二つの問題をかかえている。「知る」の適切な定義を与えることと懐疑論への応答である。それらをうまく処理する仕事がそのまま残されている。(10)

デローズの文脈主義に対しては、不変主義者から、言語学および実験哲学の観点から(本章で挙げたものとは別のタイプの)反論が提出されている。次の二つの章ではそれらを見る。

註

(1) 文脈主義(*contextualism*)とは一般に、行動、発話、表現について、それらのなされる文脈が重要であると考える一群の主張をさす。この立場では、「pをあらわす(意味する)」、「Aとみなす理由がある」等は(場合によれば、「真である」、「(道徳的に)正しい」さえも)特定の文脈においてのみ意味をもつ、と考える。この立場の認識論への適用が、認知的文脈主義(*epistemic contextualism*)である。認知的文脈主義にもいくつかの形態がある。「Sはpであることを知っている」という文があらわす命題はそれが発話される文脈(発話者の心理や会話の状況)に依存するという解釈は、現在支配的な解釈であり、「帰属者文脈主義」(*attributor contextualism*)と呼ばれる。デローズやスチュワート・コーエン、デイヴイッド・ルイス、マーク・ヘラー、ラム・ネタ等がこの解釈をとっている。これに対し、主体Sの置かれた文脈の重要性を指摘するのが、ホーソンやスタンレーたちの「主体敏感的文脈主義」（*subject-sensitive invariantism*）である（本章註（6）参照）。本書で考察の主な対象とする文脈主義は帰属者文脈主義である。なお、認知的文脈主義のわかりやすいサーベイがRysiew（2007）にある。

（2）神山（2009b）において私は、「知る」を指標詞の一つとみる見方として認知的文脈主義を特徴づけた。この特徴づけに対し、「ミスリーディングである」との指摘があった。「ここ」、「今」等の指標詞は文脈敏感性がきわめて高い。それに対して「知る」は文脈敏感性をもつものの、その度合いは指標詞ほど高くない。かなり広い文脈で同一の関係をあらわす。「知る」を指標詞の一つとみる見方がないわけではないにせよ、大方の文脈主義者は現在、「知る」を、むしろ、「熱い」、「冷たい」、「平らである」といった曖昧さ（*vagueness*）をもつ表現あるいは「程度の違いを許す形容詞」（*gradable adjectives*、「熱さ」でいえば、とても熱い、少し熱い、本当に熱い、……）に近い表現とみている――このような指摘である（URL = 〈http://nonameblog.seesaa.net/article/138652250〉）。

「知る」をどのような語をモデルに理解するかは興味ある問題である。リシュー（Rysiew, 2007, §4.4）はこの問題について次のように述べている。「認知的文脈主義によれば、「知る」は文脈敏感的な語である。しかしながら、認知的文脈主義者の間で、どのような言語学的モデルがこの事実を最もよく捉えるかについてはこれまでほとんど議論がなされてこなかったし、合意もほとんどないといった状態である。コーエン（Cohen, 1986, 1999）は「知る」を「指標詞」として語ったが、ハンバーガー（Hamburger 1987, 262）はそれを「大きい」（*large*）にたとえている。ヘラー（Heller, 1999a, 206; 1999b, 121）によれば、「知る」は曖昧語（*vague term*）である。デローズはある時点で（DeRose, 1992, 920-921）、いくつかの知識言明が矛盾しないことを例証するために指示詞「これ」を用いているものの、それ以後は「知る」の適切なモデルについてはコミットしないという方針のようである」。リシューは指摘していないが、デローズは、DeRose（2000, §3）においても、「知る」を指標詞「ここ」を例にとって説明している。文脈主義に対する批判者であるデイヴィス（Davis, 2007, 397-98）は認知的文脈主義（デローズ等の帰属者文脈主義）を「知識主張は指標詞的（*indexical*）である」とみる立場として扱い、それを「知識の指標詞説」（*indexical theory of knowledge*）と呼んでいる。実験哲学のバックワルター（Buckwalter, 2010, 397）も、「「知る」は指標詞のように機能する」という主張として文脈主義を解釈している。「知る」を指標詞の一つとみる見方として認知的文脈主義を特徴づける（認知的文脈主義に対する批判者にこの見方をとるケースが多い）のは、文脈主義者にとって不満かもしれないが、まったくの的外れというわけではない。なお、主体敏感的不変主義者であるスタンレー（Stanley, 2005）やホーソン（Hawthorne, 2004）は、「知る」を程度の違いを許す形容詞（*gradable adjectives*）とみる見方を批判している。スタンレーによれば、「平らである」、「背が高い」といった語と違い「知る」はあきらかに程度の違いを許さない（*not gradable*）。ある人を「とても背が高い」（*very tall*）と形容することは意味がある。しかし、ある人があることを「とてもよく」知っている（*Someone knows something "very well"*）とは言えるものの、ここで「とても」（*very*）は程度を表す詞（*modifier*）として機能していない。ホーソンによれば、文脈依存的であることに疑問がない語についてはごく自然に「明確化のテクニック」を用いることができる。たとえば、だれかが、目の前の起伏を指さしながら「カンザスは平らだ」という君の主張に異論を唱えたとき、君は次のように言うことができる。「私が言おうとしたのは、カンザスには山がほとんどないということだよ」。「知る」についてはこのような説明（明確化）のテクニックがほとんどない（*ibid.*, 104-106）。

（3）文脈主義の歴史については、DeRose（2007）に興味深い記述がある。（デローズが文脈主義の真のライバルとみなす）「古典的文脈主義」を導入したのは、アンガーの『無知——懐疑論の擁護』（1975）である。一九七〇年代後半から八〇年代はじめにかけての初期の文脈主義はこれに対抗して登場した。B・ストラウド『哲学的懐疑論の意義』（Stroud, 1984）の第三章は、変動するのは真理条件ではなく主張可能性の条件の方だというアンガーの考えに基づき、アンガーの懐疑論的不変主義（*skeptical invariantism*）——本章註（4）参照——を擁護している。一九八四年にアンガーは『哲学的相対主義』を出版している。そこには、文脈主義の立場の定式化が含まれており、文脈主義と不変主義の概念が確立したのはこの本においてである。そこでアンガーは、二つの立場のうちどちらが正しいかは決定できないという相対主義に立場を変えていた。一九七五年のアンガーを「初期アンガー」と呼ぶとすれば、これは「中期アンガー」である。一九八六年の「知識の円錐モデル」において、アンガーは文脈主義に完全に立場を移している。しかし、二つの立場は同等であるという以前の立場の批判はほとんどない。この「後期アンガー」を最後にアンガーは知識論から去っている。古典的文脈主義は典型的には初期アンガーに含まれる立場であることになる。

（4）アンガーは不変主義の立場に立ちながら、（次節で述べるように）「知る」を絶対的確実性を含意するものとして理解し、そこから懐疑論を導いていた。本章で「アンガーの不変主義」と呼んでいるのは、「知る」の文脈依存性を否定する立場、（後に述べる）デローズの言う「古典的不変主義」である。「アンガーの不変主義」により、「初期アンガー」の認識論的立場である「懐疑論的不変主義」を意味しているわけではない。

（5）これら二つの批判に対してデローズがどのように応答しているかを述べておこう。

ユアグローの批判(1)に対して、デローズは次のように応答している（DeRose, 2000, §3）。私が今ニューヘブンにいて「昨年私がヒューストンにいたとき、デイヴィッドはここにいた」と言うとする。このとき、「ここ」がどこを意味するかはすぐわかる。今私がいるニューヘブンである（ヒューストンではない）。この例が示すように、話し手が過去のことを述べるとき、そこで使われる基準はその発話時の会話の文脈が決めるそれである（だから「ここ」はニューヘブンを指す）。ユアグローの例について言えば、ペイントしてシマウマにみせかけたロバである可能性が告げられてからは、「知る」の新しい基準が会話を支配することになる（だから、「あれがシマウマであることを私は知らない」）。この新しい意味で、その可能性が告げられる以前にあれがシマウマであることを私は知っていたとは言えないし、言うべきでもない。古い基準の意味では私はそのことを知っていた、あるいは、「以前の知識主張は正しかった」とは言える。

（もし「知る」の文脈依存性が事実ならば）熟練の話者なら文脈を知っているはずである。それに気づかない――ホーソンはこれを「意味論的盲目性」（*semantic blindness*）と呼んでいる――というのは奇妙である、というシッファーの批判(2)に対しては、デローズは、語の意味をよく知らない、それに欺かれる、というのはよくある現象であり、まったく同じ批判が不変主義にもあてはまる（もし不変主義が正しく、かつシッファーの批判が正しいのなら、熟練した話者はみな「知る」を文脈不変的に理解するはずであるが、かなりの数の文脈主義者が存在する！）、この問題は文脈主義特有の問題ではない、と答えている（DeRose, 2006, §2）。第10章第3節参照。

（6）デローズ（DeRose, 2004）は、ホーソンやスタンレーの立場を「主体敏感的不変主義」（*subject-sensitive invariantism*、簡単にＳＳＩ）と名づけ、それを次のように特徴づけている。「Ｓはｐであることを知っている」というときに必要となる認知基準は、Ｓに知識を帰属させる話者ではなく、知識の主体Ｓがもつ諸要因により変動する。知識の主体Ｓがもつ諸要因が決まれば、彼や他の任意の話者が「彼はｐであることを知っている」と言えるための基準のセットが決まる。その上でデローズは、次のように述べる。

このように考えた場合、文脈主義者が強調する性質が失われる。同じ「Ｓはｐであることを知っている」という文をある人は真とみなし、もっと要求の高い文脈に置かれた他の人が偽とみなす、ということが正しくありうる、ということが言えなくなる。つまり、主体敏感的不変主義にあっては、「Ｓはｐであることを知っている」という文の真偽は、Ｓの置かれた文脈には依存するものの、その文を述べる話者の置かれた文脈には依存しない（不変主義）。本文で述べたように、主体敏感的不変主義が正しいということはありえない、したがって、それは（デローズ等の標準的）文脈主義に対する本当の脅威ではない、真の脅威はアンガーに代表される古典的文脈主義である、というのがデローズ（DeRose, 2004）の立場である。（ただし、デローズが主体敏感的不変主義の貢献を無視しているわけではない。デローズ（DeRose, 2007）は、二〇〇〇年代に入ってなお文脈主義への高い関心が続いている理由の一つとして、主体敏感的不変主義の勃興を挙げている。）

（7）「主張の知識説はもともと、「ｐを主張してよいのはｐを知っている場合だけである」というテーゼである。デローズは、その文脈主義版「ｐを文脈Ｘで主張してよいのは、ｐを文脈Ｘで（その文脈にふさわしい知識基準に基づいて）知っている場合だけである」を論証の前提として使っているようにみえる。これは循環ではないか、という批判があるかもしれない。これには、次のように対応できる：（見かけ上文脈主義的だが）Ａの中の「知っている」は、不変主義的、文脈主義的どちらとも解釈できる（特定の解釈を与えられているわけではない）。

　あるいは、論証を次のように組み立て直すことも可能である：Ａ、Ｂ中の「知っている」を不変主義の意味での「知っている」であるとする。元の論証と同じ論法により、文脈１でＳはｐを知っている。それと異なる文脈２でＳはｐを知らない。これは、不変主義に矛盾。したがって、主張の知識説（Ａ）と主張可能性の文脈依存性（Ｂ）をともに満たす不変主義はありえない。主張の知識説（Ａ）と主張可能性の文脈依存性（B）をともに維持したいと考えるならば、文脈主義をとらざるをえない（本章註（9）を参照）。

（8）速報者は、「その候補者が当選することは確実である」と主張しているのであって、「その候補者は当選する」と主張しているのではない、という異論があるかもしれない。それらはたしかに別の主張である。しかし、後者をより正確に「その候補者は当選するだろう」という主張として理解すれば、前者の方が後者より強い、すなわち、当選確実であるという主張は当選するだろうという主張を含む、と見ることは不自然ではないと思う。

（9）第4節で文脈主義擁護のためのデローズの演繹を再構成した。デローズ自身の論証は次のものである（DeRose, 2002, p. 187）。

> 主張の知識説は文脈主義を支持する強力な議論を提供する：pであると保証つきで（*warrantedly*）主張できるための位置にいるための基準が「私はpであることを知っている」という命題の真理条件をなす基準と同じであるとしよう。この場合、もし、前者が文脈とともに変動するならば、後者も変動する。短く言えば、主張の知識説に主張の文脈敏感性を合わせれば、それは知識についての文脈主義をもたらす。

ここでは、デローズは、主張の知識説を、本文で「A」として述べたような双条件文としてではなく、

> pであると保証つきで（*warrantedly*）主張できるための位置にいるための基準は、「私はpであることを知っている」という命題の真理条件をなす基準と同じである。

という、（主張可能であるために求められる認知基準と知識帰属命題の真理条件に含まれる認知基準という）二つの認知基準の同一性主張として表現している。このバージョンで、彼の議論を批判するならば、ｐであると保証つきで（*warrantedly*）主張できるための位置にいるための基準と「私はｐであることを知っている」という命題の真理条件をなす基準は必ずしも同一ではない、と論じることになる。たとえば「知る」とは「決定的な理由をもつ信念をもつことである」というタイプの知識の分析を考えよう。この場合、「私はｐであることを知っている」という命題の真理条件をなす基準は「決定的な理由をもつ」ことであろう。しかし、ｐであると保証つきで（*warrantedly*）主張できるための位置にいるための基準が「決定的な理由をもつ」ことであるとは限らない。「決定的な理由をもつと思われる」ことであるかもしれない。

ブラウン（Brown, 2005, § IV）によれば、デローズは、（二つの基準の同一性により表現された）主張の知識説（KAA, *the knowledge account of assertion* と彼女は呼ぶ）を次の二つの主張——知識ルール（KR, *the knowledge rule*）と唯一性の主張（UC, *the uniqueness claim*）——により擁護している。

ＫＲ　ｐであると保証つきで（*warrantedly*）主張できるためにｐについて十分よい位置にいるためにはｐであることを知っていなければならない。

ＵＣ　ＫＲは、ｐであると保証つきで（*warrantedly*）主張できるためにどのように十分よい位置にいなければならないかを規定する唯一のルールである。

もしＵＣが間違いで、ＫＲがｐであると保証つきで（*warrantedly*）主張できるためにどのように十分よい位置にいなければならないかを規定する諸ルールの一つにすぎないということになれば、主張の知識説（KAA）は成り立たず、したがって、それを用いたデローズの演繹も失敗していることになる、ところで、UCは正しくなく、KRは主張可能性のための諸ルールの一つにすぎない、また、デローズに好意的に「保証」（*warrant*）を解釈したとしても結論は変わらない、というのが彼女の見解である。

（10）本章は神山（2009b）をベースにしている。加筆するにあたり、それに対する（匿名ブログでの）書評（http://nonameblog.seesaa.net/article/138652250.html――http://nonameblog.seesaa.net/article/138663077.html）を参考にさせていただいた。

第4章　不変主義——「知る」の厳格な用法とルーズな用法

古典的不変主義（以下、不変主義）の立場に立ちながら、「知る」の厳格な用法とルーズな用法を区別することで、「知る」のさまざまな用法を説明しようとするアプローチがある。[1] ウェイン・デイヴィス（Davis, 2007, 2010）の「ルーズな使用説」（*loose use theory*）である。デイヴィスは、論敵である文脈主義をホーソン、スタンレーの「主体文脈主義」とデローズ、コーエン、ルイス等の「帰属者文脈主義」とに分類した上で、それらが「知る」の日常的用法をとらえそこなっていること、「知る」の厳格な用法とルーズな用法を区別する不変主義（ルーズな使用説）がそれをより自然に説明することを主張している。[2] ルーズな使用説は不変主義の立場に立ちながら運用の重要性を指摘している点で本書の主張（第2章）と重なる。しかし、運用の理解の仕方について同意できない部分がある。以下それを述べる。はじめに、デイヴィス説の概要を紹介する。次に、それに対しデローズがどのように応答しているかを見る。その上で、本書の見解を述べる。

1 「知る」の暫定的定義

不変主義を採用するとき、どのように「知る」を分析するかが問題になる。デイヴィスは、（文脈主義批判という）議論の目的にとって十分な分析として、「Sはpであることを知る」とは「Sはpについて完全で十全に正当化された真な信念（*completely and non-defectively justied true belief*）をもつことである」という定義を採用している。ここで「十全に正当化された」（*non-defectively justified*）とはゲチアの反例から免れているという意味である。「完全に正当化された」（*completely justified*）は未定義であるが、さしあたり「正当化が阻却不能（新しい証拠により覆らない）である」と理解して支障ないだろう。ここではそのように理解する。

2 「知る」のルーズな用法のモデル

「知る」のルーズな用法のモデルとしてデイヴィスが用いるのは、「（コーヒーが）なくなった」や「（試験問題を解くのに）二時間かかった」等の語である。

デイヴィスは次の例で説明する。

コーヒーの例（*the coffee case*）

Ａ　コーヒージャーをさらってみたもののスプーンが空だったので、私は妻に「コーヒーがなくなったよ」（*all gone*）と叫んだ。

Ｂ　しばらくして息子が朝食のため二階から降りてきて、理科の実験のためコーヒーが少し必要なんだと言い、「コーヒーは本当になくなってしまったの？」とたずねた。私はとくに困った顔をせずに、「いや、お前には十分なだけあると思うよ」と答えた。

Ａ、Ｂの会話全体を通じて「なくなった」は文字通りなくなったことを意味せず、「コーヒーをいれるのに十分なほどはない」程度のことを意味している。

別の例を挙げよう。

時間の測定の例（*the time measurement case*）

Ａ　数学の試験がどの程度難しかったか気になり、私はマイクに、解き終わるまでどのくらい時間がかかったかとたずねた。彼は「二時間」と答えた。

Ｂ　それを聞いたノラが「私は二時間四分よ」と言ったところ、マイクは「君はぼくより時間がかかったね。僕は二時間二分だったよ」と答えた。

もしＢでマイクが言ったことが真ならＡで彼が言ったことは偽である。しかし、Ａでマイクが言おうとしたのは疑いなく、解き終わるまで二時間程度かかったということである。マイクはその時点での会話の目的にとって十分正確な時間を告げたのである。Ｂになると、より正確さが求められた。というのも、ノラより長く時間がかかったかが問題になったからだ。ノラの発言は分レベルまで述べていたから、マイクもそれに応じたわけである。

これらの例にあらわれる「なくなった」、「二時間」という語の用法は、それらの語の定義通りの用法（「厳格な用法」(*strict use*)）ではなく、「ルーズな用法」(*loose use*)である。「知る」の用法の多くは、「なくなった」、「二時間」のルーズな用法と同様に理解できる、とデイヴィスは主張する。

前節で述べた分析の下「Ｓはｐであることを知っている」は「Ｓはｐについて完全で十全に正当化された真な信念をもっている」ことを意味する。「Ｓはｐであることを知っている」を字義通りに用いるとき、それが「知る」の厳格な用法である。デイヴィスによれば、「Ｓはｐであることを知っている」はしばしばルーズに用いられ、その場合「Ｓはｐであることを知っている」は「Sはpであることを文脈により示される目的にとって十分よく知っている」（*S is close enough to knowing p for contextually indicated purpose*）ことを意味する。

発話には、字面の意味（*what is said*）と言外の含み（*conversational implicatures*）がある、と指摘したのはポール・グライス（Grice, 1975, 1989）である。われわれはしばしばあることを言いながら、それとは別のことを伝えようとする。その別のことが「言外の含み」（簡単に「含み」）である。妻が「今日はごみの日ね」と言えば、「あなた、ごみ出しお願いね」というのがその言外の含みの一つである。また、ときにわれわれはわざと偽なことを言う。何か真なことを含みとして言うためである。皮肉やメタファー、誇張などがそのようなケースである。デイヴィス説はグライスのそのような「会話的含みの理論」（*the theory of conversational implicature*）の知識論への応用と言ってよい。

3　銀行の例

さて、「知る」に対する文脈主義の説明でよく用いられる例に次のものがある。

銀行の例（DeRose, 1992）

Ａ　金曜日の午後、ハンナとボブ夫妻が車で帰宅しようとしている。途中銀行に寄ろうと考えていた。しかし、銀行に近づいたところ、窓口付近に長い行列が見えた。「明日銀行が営業していることを知っているかい」とボブに聞かれて、ハンナは以前土曜日にこの銀行に行ったことを思い出す。そして「知っているわよ、では今日はやめて明日にしましょう」と言った。

Ｂ　ボブはハンナに、「月曜日の朝までに口座にお金がないと小切手が不払いになるよ、おぼえているかい」と話す。「銀行はよく営業時間を変えるね。明日営業していることを君は本当に知っているかい」と聞く。ハンナはしばらく考えていたが、やがて「知らないわ。今日のうちに行ったほうがいいわね」と言った。

この例ではハンナはAにおいて明日銀行が営業していることを知っていると主張、Ｂでそれを否定している。それらは自然であるように思える。

この例において、ＡとＢとの間で、知っていると主張するために求められる正当化のレベルが変化している。文脈主義は、これを、知識主張の真理条件（意味）が変わったから正当化のレベルが変わったのだ、とみる。「知る」が成立するために求められる正当化のレベルは文脈により変わると文脈主義は考えるわけだが、そこでいう文脈は主体に知識を帰属させる者の置かれた会話文脈であるとするのが帰属者文脈主義であり、主体が置かれた文脈であるとするのが主体文脈主義である。

この例の場合、ハンナは「私は明日銀行が営業していることを知っている」と言っている。「知る」の主体「私」は帰属者でもあるから、二種類の文脈主義の違いはない。両者とも、Aでの、ハンナの「私は明日銀行が営業していることを知っている」という主張、Bでの知らないという主張を真として認める（少なくとも両者の代表者は認めている）。二つの主張は矛盾するように見えるが、文脈が異なるので十分両立する、と文脈主義は考える。

4　ルーズな用法説による説明

二種類の文脈主義がどちらも直観に反する予測をする例が多いことを指摘した上で（つまり、それらは「知る」の用法を適切にとらえていないと指摘した上で）、不変主義者デイヴィスは、「知る」の厳格な用法とルーズな用法の区別を使って、銀行の例を次のように説明する。

この例において、Aでは「知る」はルーズに用いられ、Bではより厳格に用いられている。ハンナは、Aで「土曜に銀行が営業していることを私は知っている」と主張したとき「知る」をルーズに使った。つまり、かれらの当座の目的にとって十分よく知っている、ということを言おうとした。厳格に知っているかどうかは彼女にはどうでもよかった。そのときの彼女の目的にとって厳格さは必要なかった。ボブが、より厳格さが求められる事情があると告げた後、彼女は「知る」をより厳格に用い、自分が知っていることを否定した。

この説明においては、Bにおいて「ハンナは少し前には知っていた」は真であるとはみなさない（つまり、Aにおいてハンナは土曜に銀行が営業していることを知らなかった、とみる）。これは、コーヒーの例で、Bで「（息子登場前）コーヒーはなくなっていた」が真であるとみなされないのと同様である。

この説明はまた、Aでハンナが言ったこと（知っている）とBで彼女が言ったこと（知らない）とが字義上矛盾することを許す。しかし、彼女がAにおいて言外の含みとして述べたこと（「明日銀行が営業していること」について、そこでの目的にとって十分な証拠があるということ）とBで述べたこと（そのことを知らない）同士は矛盾しない、と指摘する。

「知る」は多少なりとも正当化を求めるから、「知る」のルーズな諸用法はより厳格になったりならなかったりする。これは文脈主義者が強調していたことである。厳格な用法の意味での「知る」にどの程度十分近くなくてはいけないかは、文脈により変動する。

5 デローズの応答

このような説明に対し、デローズ（DeRose, 2011a）は以下のように応答している（文脈主義者は文脈により「知る」に求められる認知基準は異なるとする。緩やかな認知基準が用いられる文脈はしばしばLOW、相対的に高い基準が用いられる文脈はHIGHと呼ばれる。右の例でのA文脈はLOW、B文脈はHIGHである）。

デイヴィスのルーズな使用説によれば、LOWにおいて「今午後二時だ」と言うとき、それ自身は偽である（もし二時二分だったとすれば）。しかし、それが実際言おうとしているのは偽な主張ではない。それは「大体午後二時頃だ」という真な主張をしている。「知る」もこれをモデルとして理解しようということだから、LOWにおいて「彼はpを知っている」と言うとき、それ自身は偽である（もし彼の真な信念が完全に正当化されていなければ）。しかし、それが実際に言おうとしているのは偽な主張ではない。それは「彼の真な信念は完全な正当化に十分近く正当化されている」という真な主張をしている、ということになる。

この立場には次のような問題がある。

(1) LOWにおける知識主張はそれ自身は偽であるルーズな用法である、というのは一九七〇年代中期から後半にかけてピーター・アンガーがとった立場である。アンガーは知識をきわめて強いかたちで理解したから、「何も知らない」という懐疑論に陥った。同じ不変主義の立場に立つリシュー（Rysiew, 2007）はもっと穏健な要求をした。それによると、HIGHにおける知識主張も真でありうる。それらの中間のほどよい不変主義をデイヴィスは提案しているようである。しかし、ほどよくするのはやさしくない。デイヴィスは「知る」に「完全に正当化されている」（*completely justified*）ことを要求している。しかし、その定義が述べられていないので、彼が正確に何を言っているかよくわからない。「ハンナが土曜の朝九時過ぎ銀行にやってきて行員が忙しく働いているところを見たとき、ハンナは今や銀行が営業していることを文字通りかつ厳密に言って知っている」と言っているところをみると（Davis, 2007, 426-427）、デイヴィスは少なくとも初期アンガーのような懐疑論者ではないようだが、はっきりしない。

(2) 「正確な時刻を知っていることを帰属させるすべての文は厳密に言えば偽というのなら、厳密に言えばいま何時であるかを誰も知らないことになる」とスチュワート・コーエンが指摘しているが、それにきちんと答えていない。

(3) LOWにおいて「彼はpを知っている」は（その含みはともかく、それ自身は）偽である、ということは直観的に自明であるとデイヴィスは主張している。これは正しくない。この話をしたところ知り合いの言語学者はデイヴィスを支持したが、私はそれと反対の直観をもっているし、ホーソン（2004）も私と同意見のようである。日常的文脈での知識言明はそれ自身は偽であるということは自明であるとは言えない。

デローズとデイヴィスの基本的対立点は、日常的用法における知識言明について、デローズがその多くは真と見ているのに対し、デイヴィスはそれを否定しているところにある。

6 デイヴィス

時間は前後するが、この点に関するデイヴィスのデローズ批判を述べておこう。

デイヴィス（Davis, 2010）は、『文脈主義を擁護する――知識、懐疑論、そして文脈』（DeRose, 2009）の書評において、デローズ説が、

（1）　LOWにおいて（たとえばハンナは銀行が土曜日営業していることを）知っているという主張は真である。

（2）　銀行の例のようなテストケースにおいて、HIGHにおける（ハンナはその事柄を）知らないという主張は真である。

という二つの鍵となる前提に支えられていることを指摘した上で、それを次のように批判している。

知識主張に対する判断をどのように下すかについてデローズが依拠しているのは次の方法論である：「Sはpを知っている」の真偽の判定は、その言語に熟練した適格な話者（*competent speakers*）がそれをどう判断するかによる。適格な話者が真と判断すれば真、そうでなければ偽である。デローズはこの基準に基づき、「LOWでは知っており、HIGHでは知らない」と主張している。しかし、適格者の直観はデローズが想定するような安定性をもたない。不変主義を支持する直観も多い。それによれば、たとえば、LOWで知っていて、HIGHで知らないというのは矛盾する（Stanley, 2005）。（銀行の例等の）テストケースでの直観は決して安定したものではない。ハンナがLOWにおいて「土曜に銀行が営業していることを私は知っている」と言うとき、適格な話者ははじめそれを真とするだろう。しかし、「災害が銀行を襲わないことをハンナは知っているか」、「厳密な意味で知っていると言っているのだろうか」、「命をかける用意が彼女にあるのだろうか」等々と彼が考え始め、結局ハンナの発言は偽だと判断するようになることもありうる。一般に、知識主張（それがどんなものであれ）が厳格に真であるというのは、懐疑論を支持するよく知られた諸議論があることを考えれば、それ自身疑わしい哲学的主張である。話し手のもつ証拠が決定的であることからかけ離れているとき（つまり、LOWにおいて）知識主張は真であるというのは、とりわけ自明ではない。デローズ説が置いている前提は言語学のような経験科学のデータとはなりえない。

7 ラフな帰属説

適格者の直観はデローズが想定するような安定性をもたないというデイヴィスの批判は説得力があると思うが、日常われわれが発する「知っている」という言明は偽であるというデイヴィスの主張は直観にあわないように思う。「知っている」という語が立証責任を伴う強い表現であることへの配慮を欠いている。

しかし、不変主義者は日常的用法における「彼はpを知っている」の内実をデイヴィスのようにその言外の含みであると考える必要はない。

次のように考えることができる。

LOWでの「彼はpを知っている」はラフな知識帰属である。それを支える正当化は十分ではないが、十分な正当化を得るためのコスト、時間のことを考慮して「知っている」と言う、つまり、「彼はpを知っている」を真なものとして受け入れる。「彼はpを知っている」は偽かもしれない。正当化が十分というわけではないから、ラフな知識帰属でない場合（より厳格な知識帰属と呼ぼう）に比べて偽である確率がかなりある。しかし、われわれはそれを真なものとして提示している。偽であることがわかれば、撤回すればよい。ただ、「知る」に要求されるものは多いから、撤回は信用面等で高くつく場合がある。それを承知で用いられるのが日常的文脈での「知る」である。ここにあるのはデイヴィス流の「ルーズな用法」ではなく、（正当化が必ずしも十分でない状況で行われる）**「ラフな知識帰属」**である。「ラフな知識帰属」においては、知識主張は真なものとして提示される。

間違った知識判断が高くつくと考えられる文脈では（たとえば、法廷での証言、議会での答弁など）、「知る」の用法はより厳格になる。そこでは、ラフな知識帰属は控えられる。より厳格な知識帰属（より厳格な正当化）が要求される。

デローズが文脈主義の本当のライバルとして定式化した古典的不変主義は、ラフな帰属説として理解するのが適当であると思う。古典的不変主義によれば、「Sはpを知っている」の真理条件は文脈にかかわらず同一である。ただし、それが主張されるときに求められる正当化は文脈により変動する。主張の目的により、ラフな正当化で十分とされることもあれば、より厳格な正当化が求められることもある。主張に要求される正当化が文脈が含む諸事情により変動するということは、知識主張に限らない。ほとんどすべての主張についてそう言えると考えるのが古典的不変主義であった。古典的不変主義において、ＬＯＷにおける知識主張を「ルーズな用法」として解釈する必要はない。真理要求をしているが、それを支える根拠が必ずしも強力ではない主張と考えればよい。この解釈では、銀行の例において、はじめハンナは銀行が土曜日に営業していることを知っていることを真として主張したが、判断の重要性を指摘された後根拠が十分ではないことに気づき真理主張を撤回した、という理解となる。

註

（1）語のルーズな使用の分析としてはレイザーソン（Lasersohn, 1999）がある。デローズ（DeRose, 2011b）は、それを「ルーズな語法に関する近年のおそらく最も重要な仕事」と評している。なお、バック（Bach, 2005）は、「知る」や「平らである」、「空である」等の語は日常ルーズに用いられているという見解をアンガー（Unger, 1975）に帰している。

（2）先に述べたように、ホーソン（2004）、スタンレー（2005）の立場はふつう「主体敏感的不変主義」と呼ばれる。そこでは、「Ｓはｐを知っている」の真理条件を決める文脈は、主体Ｓの置かれた文脈であり、標準的な帰属者文脈主義の主張するようにＳに知識を帰属させる帰属者の置かれた会話的文脈ではない、と主張される。この立場は、知識言明の真理条件が帰属者の文脈に対し不変であるとしている点に注目して、通常不変主義に分類されている。しかし、文脈により知識言明の真理条件が変動するとみなす点では帰属者文脈主義と同じ立場に立つ。デイヴィスは、この類似性を重視して主体敏感的不変主義を文脈主義に分類している。

帰属者文脈主義に対する（文脈主義に分類される）競合理論には他にジョナサン・シェイファー（Schaffer, 2004）の「対比主義」（*contrastivism*）がある。それによれば、「Ｓはｐであることを知っている」は「Ｓはｑではなくｐであることを知っている」（*S knows that p rather than q*）という主張として解釈される。たとえば、「彼は地球が太陽のまわりを楕円軌道を描いて公転していることを知っている」は「彼は地球が太陽のまわりを円軌道でなく楕円軌道を描いて公転していることを知っている」を意味する。「……ｑでなく」（*...rather than q*）の部分は「対比句」（*the contrast clause*）と呼ばれる。対比主義によれば、知識言明は主体Ｓと命題ｐと「対比命題」（*the contrast proposition*）ｑとの間の三項関係をあらわす。帰属者文脈主義は帰属者の置かれた文脈により（「知る」の成立に必要な）認知基準が変動すると主張するが、シェイファーによれば、文脈により変動するのは表面にあらわれない（*unspoken*）対比命題である（デローズは、対比主義がオースティン（Austin, 1946）に遡る古典的な「知識の関連代替選択肢説」の今日版として理解されると指摘している。関連代替選択肢説は、Ｓがｐを知っているかどうかはｐの代替選択肢のうちのどれが関連するかに依存するとみる。対比主義においては、関連する代替選択肢は知識関係に追加される第三項に登場する）。なお、シェイファー＝ノブ（Schaffer and Knobe, 2012）が、一般の人々の「知る」の用法を帰属者文脈主義者と対比主義のどちらが適切にとらえているかを調べる心理学的実験を行い、対比主義を支持する結果がえられたことを報告している。デローズ（DeRose, 2011b）は実験結果の解釈の仕方を批判している。本書第５章参照。

第５章　実験哲学――ハンナは土曜日に銀行が営業していることを知っていたか

デローズは銀行の例について、ＬＯＷ（緩やかな認知基準が用いられる文脈）では「私の状況に置かれたいかなる話者も銀行は土曜日に営業していることを知っていると主張するだろう」、ＨＩＧＨ（相対的に高い認知基準が用いられる文脈）では「ほとんどすべての人が「知らない」」を合理的な想定として受け入れるだろうし、ほとんどすべての人がそれを真とみなすだろう」と述べている（2000, p. 170）。ウェイン・デイヴィスは、（ハンナの「土曜日銀行が営業していることを私は知っている」という言明は）「ＬＯＷで真、ＨＩＧＨで偽」という判断の組は言語学上のデータとなる資格はない、根拠薄弱な想定であると指摘していた。実際どうだろう、というのは興味ある問題である。つまり、普通の話者はどのように判断するか、デローズの想定通りの判断を下すかどうか、は興味ある問題である。これについては経験的研究が可能である。実際、文脈主義の諸流派についていくつかの実験が行われ、その結果が報告されている。近年実験的手法の哲学への導入が試みられている。このアプローチは「**実験哲学**」(*experimental philosophy*) と呼ばれる。現在のところ文脈主義の実験的検証はこのアプローチの最も有望なテーマの一つとなっている。

文脈主義に対する近年の実験結果についてのまとまったサーベイが、シェイファー＝ノブ (Schaffer and Knobe, 2012) にある。そこでは、ネタ＝フィーラン (Neta and Phelan (草稿))、フェルツ＝ザーペンティン (Feltz and Zarpentine, 2010)、メイ、シノット-アームストロング、ハル、ズィママン (May, Sinnott-Armstrong, Hull, and Zimmerman, 2010)、バックワルター (Buckwalter, 2010) 等の結果が紹介されている。これらは、諸文脈主義の主張に含まれる (知識主張を行う際) 賭けられているものの効果や間違いの可能性のもたらす効果を検証しており、それらすべてが直接デローズ流の帰属者文脈主義をテストしているわけではない。それらの中で帰属者文脈主義をターゲットとしているものは、バックワルター (Buckwalter, 2010) である。ここでは、そこでどのような結果が報告されているか確認したい。あわせて、筆者が一六歳から二〇歳までの日本人学生対象に行った簡易実験結果を述べる。

1　銀行の例

あらためて銀行の例を述べよう。

銀行の例（DeRose, 1992）

A　金曜日の午後、ハンナとボブ夫妻が車で帰宅しようとしている。途中銀行に寄ろうと考えていた。しかし、銀行に近づいたところ、窓口付近に長い行列が見えた。「明日銀行が営業していることを知っているかい」とボブに聞かれて、ハンナは以前土曜日にこの銀行に行ったことを思い出す。そして「知っているわよ、では今日はやめて明日にしましょう」と言った。

B　ボブはハンナに、「月曜日の朝までに口座にお金がないと小切手が不払いになるよ、おぼえているかい」と話す。さらに、「銀行はよく営業時間を変えるね。明日営業しているということを君は本当に知っているかい」とたずねる。ハンナはしばらく考えていたが、やがて「知らないわ。今日のうちに行ったほうがいいわね」と言った。

この例を使って、ＬＯＷにおいてハンナに知識を帰属させ、ＨＩＧＨにおいて無知を帰属させる立場（帰属者文脈主義もスタンレーのＳＳＩ（主体敏感的文脈主義）もこの立場をとる）を評価したいわけだが、バックワルターによれば、テストにかけようとするとき、いくつか問題がある。一つは次である。

バイアス：Ｂにおいて主体は「知らない」と発言している。この発言はこの話を読む人に、ハンナは「知っている」ために多くの人が必要と考える確信を欠いているのではないかと想像させる。

このバイアスを避けるためにBにおいても、ハンナの発言をAと同じ「銀行は明日も営業していることを私は知っている」とする必要がある。

いま一つは次である：二つの話は**賭けられたもの**（*stakes*）が異なるというのが基本的違いである。しかし、**判断材料**（*salience*）にも違いがある。後者には「銀行はよく営業時間を変える」というサラの発言が情報として加わっている。知識判断には、賭けられたものと判断材料の両者が影響しうる。もとの話では、どちらの影響力が大きいのか判然としない。

知識判断について、賭けられたものと判断材料の違いの影響を独立に評価したい。そのためにバックワルターは銀行の例を少しアレンジした次の三つの話を用いる。

銀行の例（Buckwalter, 2010）

（銀行）　シルビアとブルーノは金曜の午後勤務が終わり車で帰宅中である。途中銀行に寄り小切手の口座に入金するつもりだったが、銀行の横を通り過ぎたとき銀行内の行列が非常に長く続いていることに気づく。できるだけ早く入金してしまいたいと考えているのだが、すぐ入金しなければならないということでもなかった。ブルーノがシルビアに言う：

「ぼくは先週ちょうどこの銀行に来たんだ。銀行は土曜日にも営業することをぼくは知っているよ」。そう言って、そのまま帰宅して土曜日に銀行に来て入金しようと提案した。土曜に行ったところ、銀行は営業していた。

〈高利害（*High Stakes*）〉　シルビアとブルーノは金曜の午後勤務が終わり車で帰宅中である。途中銀行に寄り小切手の口座に入金するつもりだった。ブルーノは、巨額の小切手を切っていたから、月曜日までにその分を入金しておかないと、不払いとなり、債権者とともにブルーノは非常にまずい状況に置かれる。銀行の横を通り過ぎたとき銀行内の行列が非常に長く続いていることに気づく。できるだけ早く入金してしまいたいと考えているのだが、すぐ入金しなければならないということでもなかった。ブルーノがシルビアに言う：「ぼくは先週ちょうどこの銀行に来たんだ。銀行は土曜日にも営業することをぼくは知っているよ」。そう言って、そのまま帰宅して土曜日に銀行に来て入金しようと提案した。土曜に行ったところ、銀行は営業していた。

〈高基準（*High Standards*）〉シルビアとブルーノは金曜の午後勤務が終わり車で帰宅中である。途中銀行に寄り小切手の口座に入金するつもりだったが、銀行の横を通り過ぎたとき銀行内の行列が非常に長く続いていることに気づく。できるだけ早く入金してしまいたいと考えているのだが、すぐ入金しなければならないということでもなかった。ブルーノがシルビアに言う：「ぼくは先週ちょうどこの銀行に来たんだ。銀行は土曜日にも営業することをぼくは知っているよ」。そう言って、そのまま帰宅して土曜日に銀行に来て入金しようと提案した。それに対しシルビアが次のように言った。「銀行はふつう土曜には営業していないわ。多分明日も営業していないわね。銀行は営業時間をよく変えるのよ。私の記憶だと、この銀行はよく営業時間を変えていたわね」。土曜の朝行ったところ、銀行は営業していた。

「銀行」はデローズの銀行の例Aである。「高利害」は知識主張の正しさが知識主体たちの利益に大きく影響する例である。「高基準」は知識主張に際し利用可能な判断材料が豊富にある例――知識主張はそれらを踏まえたものでなければならない、結果的に高い認知基準をクリアすることが求められる例である。

2　実験と実験結果

被験者はニューヨーク州立大学バッファロー校の学部学生五四四人である。教室内で、被験者は上の三つの話のうちの一つ（だけ）をランダムに与えられる。各話において登場人物ブルーノは「ぼくは銀行が土曜日に営業していることを知っている」と述べている。被験者はその主張が正しいかどうか質問される。とくに、被験者はブルーノの知識主張に同意する程度を答えるよう求められる。レベルは1から5で、それぞれ「強く不同意である」、「不同意である」、「中立である」、「同意する」、「強く同意する」を意味する。

得られたデータは、テスト1で銀行と高利害の回答結果が比較される。テスト2では銀行と高基準の回答結果が比較される。

結果は次の通りである(3を超えるスコアは同意とする)。

テスト1　一三六人(七四・三%)が「銀行」でブルーノの知識主張は正しいと回答したのに対し、「高利害」で同様に回答したのは一二四人(六八・五%)であった。しかしながら、統計的解析によれば、二つのグループの平均値の間には統計的に有意な差はない。両グループとも平均値は3をはっきり上回っていた。文脈主義者やSSIが予想する知識帰属のパターンは発見されなかった。

テスト2　一一九人(六六・一%)が「高基準」でブルーノの知識主張は正しいということに同意した。しかしながら、統計的解析によれば、二つのグループの平均値の間には統計的に有意な差はない。両グループとも平均値は3をはっきり上回っていた。文脈主義者やＳＳＩの予想する知識帰属のパターンは発見されなかった。

この結果を踏まえ、バックワルターは次のように結論している。知識主張の真理条件は文脈によって変動しなかった。われわれには文脈主義者の仮説を疑う理由がある。それは知識主体の実際的関心によっても影響されなかった。ＳＳＩの仮説を疑う理由もある。実験間でみられた認知的直観（*epistemic intuition*）は、文脈主義およびＳＳＩが日常的な知識帰属（*folkknowledge attribution*）をうまくとらえているという主張を疑わしいものとする。これらのデータは文脈主義とＳＳＩに対する日常的言語使用の実践からの証拠的支持に深刻な疑いを投げかける。文脈主義やＳＳＩを支持する哲学者は、さらに経験的テストを行う必要がある。

3　デローズの批判

この実験の報告を含むシェイファー＝ノブのサーベイにデローズ（DeRose, 2011b）が応答している。サーベイが扱っている四つの実験のうち、帰属者文脈主義を直接のターゲット（多分主なターゲット）としているのはバックワルターのみであることを指摘している（メイ、シノット－アームストロング、ハル、ズィママンのターゲットはスタンレーのＳＳＩとシェイファーの対比主義)。バックワルターの実験結果はデローズの直観を真向から否定している。これに対し、デローズとしては応戦せざるをえない。

デローズ(DeRose, 2011b, §2)が強調するのは、自分の例とバックワルターがテストした例は決定的に異なるという点である。

1　バックワルターはHIGHで「知っている」としている(DeRose, 2005でそうしてはいけないと書いているのにもかかわらず)。

2　バックワルターは、一つのHIGHケース(高利害かつ知識主張が間違いである可能性が指摘される)を二つに分割している。

バックワルターの意見では、あえてそのように変更する理由があるのだが、それに対してデローズは反対している。

HIGHで「知っている」とすると、被験者に「調節」(*accommodation*)の機能がはたらいて、「知っている」を真とするように話を読む、その結果それを真と判断する、ということが起きる。もし文脈主義を本気でテストしたいのならば、HIGHで知らない、としておかなくてはならない。では、「知らない」とした場合はどうだろうか。同じようにそれを真とする機構がはたらく。すると、LOW、HIGHともに、話中で述べられた主張をすべてそのまま是認することになる。結局、テストそのものに意味がない。

実験哲学という試みそのものに対し次のように批判している。

サーベイデータをそのまま受け取るのは危険である。テストされる哲学的立場への誤解、それが予測する事柄についての誤解の可能性を排除できない。実験において被験者が問われるのは奇妙な質問である、なぜそのようなことをたずねられるのか、……。被験者にとまどいが生じている可能性がある。「3」という回答はもしかすると「何だこれは？　何をきかれているのか全然わからん！」（"*WTF?!*"）かもしれないではないか。

4　簡易テスト

バックワルターの実験に対するデローズの批判を受け入れて、著者は、オリジナルな銀行の例を使って日本語話者が「知る」の用法についてどのような直観を示すかを調べた。被験者は茨城工業高等専門学校の学生（一六歳から二〇歳まで）二四一名である。

（銀行の例・ケースA）　金曜日の午後、ハンナとボブ（夫妻）が車で帰宅しようとしている。途中銀行に寄ろうと考えていた。しかし、銀行に近づいたところ、窓口付近に長い行列が見えた。明日銀行が営業していることを知っているかい、とボブに聞かれて、ハンナは以前土曜日にこの銀行に行ったことを思い出す。そして、「知っているわよ、では今日はやめて明日にしましょう」と言った。

（銀行の例・ケースB）　ボブはハンナに、「月曜日の朝までに口座にお金がないと小切手が不払いになるよ、おぼえているかい」と話す。さらに、「銀行はよく営業時間を変えるね。明日営業していることを君は本当に知っているかい」とたずねる。ハンナはしばらく考えていたが、やがて、「知らないわ。今日のうちに行ったほうがいいわね」と言った。

ケースA、ケースBに対してそれぞれ次をたずねた。

（質問1）　あなたは、銀行の例Aにおいて「ハンナは、明日土曜日に銀行が営業していることを知っている」に同意しますか。

（質問2）　あなたは、銀行の例Bにおいて「ハンナは、明日土曜日に銀行が営業していることを知らない」に同意しますか。

回答は、バックワルターと同じく、次の(1)〜(5)の中から、同意の程度を選ぶとした。

(1) 強く同意しない、(2) 同意しない、(3) 中立である、(4) 同意する、(5) 強く同意する。

質問1への回答は次であった。

(1) 一四名、(2) 四九名、(3) 六五名、(4) 九〇名、(5) 二三名

質問2への回答は次であった。

(1) 一七名、(2) 四四名、(3) 七七名、(4) 七三名、(5) 三〇名

「Aにおいて「知っている」、Bにおいて「知らない」」という、デローズが意図した回答の組を示す直観がかなり多かった（「(3)を超えるスコアは同意とする」というバックワルターの基準を採用すれば、ケースAにおいて「知っている」に同意した被験者は全体の約七四%、ケ

ースBにおいて「知らない」に同意したのは約七五％、「Aにおいて「知っている」、Bにおいて「知らない」」という組を回答したのが二四一名中一四六名で約六一％）。しかし、「調節」はそれほど機能しているように思えない。デローズがこの組が大多数を占めるはずの正しい回答だと主張するのなら、それは支持されていない。不自然ではないだろう、ということならば、それはおおむね支持されている。

Aにおいて「知っている」、Bにおいて「知らない」という回答の組を答えた被験者一四六名に対し、さらに次の質問をした。

〈質問3〉 A、Bともに「同意する」（⑶以上）と回答した人に質問します。

あなたは、

ケースAにおいて、「ハンナは明日土曜日に銀行が営業していることを知っている」

ケースBにおいて、「ハンナは明日土曜日に銀行が営業していることを知らない」

にそれぞれ同意しています。

ストーリー全体を聞いたあなたに、あらためて質問します。

あなたは、ケースAにおいて、「ハンナは、明日土曜日に銀行が営業していることを知っている」に、なお同意しますか。

回答として用意した選択肢は上と同じである。

質問3への回答は次であった。

(1) 一四名、(2) 四一名、(3) 五五名、(4) 二八名、(5) 八名

(4)、(5)より、(「Aにおいて知っていた」に同意しない)(1)、(2)の方が多い(五五対三六)。「同意する」を(3)以上とすると、それはより多くを占めている。しかし、中立の(3)を除くと、(1)、(2)という回答は、アンナは、ケースBにおいて、知っているというケースAでの主張を取り下げた(本当は知らなかった)という回答として理解できる。これは不変主義に適合する回答である。(4)、(5)という回答は、アンナは主張を取り下げたわけではなく、「アンナはAにおいて、その文脈で使われた意味で知っていた、Bにおいて再定義された意味で知らないに過ぎない」という回答として理解できる。これはデローズの帰属者文脈主義に沿った回答である。(1)、(2)の回答数が、(4)、(5)の回答数をかなり上回った今回の実験結果は、(被験者日本人学生にとって)デローズの立場が圧倒的な直観的説得力をもつものではないことを示している。[1]

註

（1）もちろんこれはあくまで簡易的な実験結果であり、決定的なものではない。各質問において、中立的な「3」（デローズの言うところの "WTF?!" 回答）が多かったことも顕著である。

第6章　懐疑と確実性――ムーアとウィトゲンシュタイン

前章までの議論においては、われわれが外部世界についてさまざまな知識をもつことやさまざまな信念が観察等により正当化されることが当然のこととして前提されていた。この前提に挑戦してきたのが懐疑論である。エリスのピュロンからセクストス・エンペイリコスに至る古代懐疑論が近代哲学・近代的意識の形成において大きな歴史的役割を果たしたことが知られている。今日、懐疑論をいかにうけとめるかについてはいくつかの理解がありうる。巻頭で触れたように、懐疑論の意義について、ヤスパースは次のように述べている。「決定的な問題は、懐疑によって、いかにして、またどこで、確実性の地盤が獲得せられるか、ということである」。ヤスパースは、懐疑自身が問題なのではなく、それが含む「確実性とは何か」という問題提起こそが懐疑論の核心なのだ、と指摘している。

よく知られているように、確実性の地盤探しにデカルトは長い思考を費やした[1]。その結果彼が見いだしたのが「われ在り」である。デカルトは、「いかにして、またどこで、確実性の地盤が獲得せられるか」という問いに対し、感覚はもちろん数学や神の存在をも疑う徹底的な懐疑により、そして「そのように疑うわれ」において、そして、そのように疑っている限りにおいて、確実性の地盤がえられる、と答えた。

そのような長く入り組んだ思考は必要ない、常識の段階ですでにわれわれは確実性の地盤をえている、と主張したのが、ジョージ・エドワード・ムーアである。ムーアは、ケンブリッジ大学に奉職するかたわら長く雑誌『マインド』の編集者をつとめ、いわゆるケンブリッジ・トリニティ・カレッジ哲学の黄金時代を演出、ラッセル、ウィトゲンシュタイン、ライル等に影響を与え、それらを通して分析哲学の成立に大きく貢献した人物である。彼の若い友人にあたるウィトゲンシュタインが晩年、ムーアの考察を対象に集中的な考察を行ったことはよく知られている。懐疑と確実性に関するムーアとウィトゲンシュタインの考察は懐疑論の問題を考える上で古典的な重要性をもっている。懐疑論論駁に取り組む前に、彼らの考察を確認しておこう。

1 常識実在論

知識論におけるムーアの基本的な主張は、**世界に関する常識的な見方はおおむね正しい**、というものである。

ムーアは、一九一〇年から一一年にかけての講義「哲学の主要問題」においてこの立場を主張している。哲学的立場をさらに明確にするよう求められ、それにこたえたのが一九二五年の「常識の擁護」（Moore, 1925）である。これは、ウィトゲンシュタインがムーア最良の論文と激賞、ムーアもそれに同意したとされる論文である。[2]

「常識の擁護」においてムーアが批判の対象としたのは、次の二つの哲学的立場である。

(1) 「物質的事物は実在ではない」、「空間は実在ではない」、「時間は実在ではない」、「私は実在ではない」（観念論）。

(2) 「物そのものを知っている」は偽である（懐疑論）。

これらは、ムーアがその中で育った、一九世紀半ばから二〇世紀初頭にかけての、グリーン、ブラッドリー、マクタガート等のイギリス観念論の主要な命題であり、かれらが、カント以来のドイツ観念論から受け継いだ主張群である。[3]

それらに抗って、ムーアは次の(3)と(4)を主張した。

(3) 端的に真で確実な命題群――「自明な事実」（*truisms*）が存在する。

たとえば、「私の身体が存在する」、「私の身体が生まれるはるか以前から地球はあった」、「生まれて以来絶えず、私の身体は地球の表面と接触してきたか、あるいは地表から遠くに離れなかった」、「三次元において形と大きさをもつ、多くの他の事物もまた存在してきた」、「それらの事物から、私の身体はさまざまな距離を保ってきた」、「私の身体の環境の一部をなしてきた事物の中には、私の身体の誕生以来のあらゆる時において、非常に多数の他の生きている人体があった」、「私は多くの信念を抱いてきた」、「私はいろいろな夢をみた」、「私はさまざまな種類の感情をもった」、「他の人々たちも、私同様さまざまな種類の異なった経験をしてきた」等々である。これらは真かつ確実である。

(4)　それら自明な事実すべてをわれわれは知っている。

もし(3)が正しければ、物質は存在しないとする観念論は偽となる（私の身体が存在する以上、物質は存在する）。また、(4)が正しければ、懐疑論も偽となる。このような立場をムーアは「常識実在論」（*common sense realism*）と呼ぶ。

2　常識実在論の擁護

当然のことながら、ムーアには自分の立場が正しいことを示す必要がある。「常識の擁護」でムーアがとっているのは、自分の立場を直接論証するのではなく、論敵（観念論者、懐疑論者）の主張そのものに欠陥があることを指摘するアプローチである。このアプローチ内でムーアは二種類の戦略をとっている。一つは次である。

（M1）観念論者や懐疑論者は自己矛盾を犯している。

「私（ムーア）は「世界についての常識的見解」をある根本的な主要点において、完全に真であると主張してきた哲学者達の一人である。私の見解では、すべての哲学者は、例外なしに、この世界についての常識的見解を抱いている点で、私と意見を同じくしてきた、ということは記憶されなければならない。普通表現されている相違は、実際は、「世界についての常識的見解」とそれと矛盾した見解を同時に主張してきた哲学者と、そうでない哲学者との相違にすぎない」（Moore, 1925, 邦訳、p. 178）。観念論者や懐疑論者は自己矛盾を犯している。

（M2） 懐疑論者は自分たちの立証に成功していない――懐疑論者の置く前提より「これは机だ」等のほうが確かだ。

いま一つはこれである。この主張は、一九五九年の「懐疑論の四形態」（Moore, 1959b）に明示的に述べられている。懐疑論と言ってもいろいろなものがあるが、ムーアはラッセルの『物の分析』（Russell, 1927a）、『哲学概要』（Russell, 1927b）で表現されている懐疑論を例にとっている。

ラッセルは、「懐疑論」を「いくつかのものごとについて、いかなる人間もそれを確実には知らない」という主張であると理解する。そして、それを導く議論を次のように定式化している。

主張

「これは鉛筆だ」や「君には意識がある」を私は確実には知らない。

なぜなら（四つの前提）

(1) 私はそれらを直接的に知らない。

(2) それらは、私が直接知っていることから論理的に帰結しない。

(3) もし(1)と(2)が正しければ、それらについての信念ないし知識は類比的もしくは帰納的議論に基づかざるをえない。

(4) 類比的もしくは帰納的議論に基づく議論は確実な知識をあたえない。

結論

(5) 私はそれらを確実には知らない。

これに対し、ムーアは次のように批判する。

「私が自分自身に問わざるをえないのは次である。「これは鉛筆だ」や「君には意識がある」ことを知っている、と同じ程度の確実性を、懐疑論者の四つの前提はもつだろうか。これに対して、次のように答えざるをえない。四つの前提のどれよりもそれらを知っている方がより確実であるように、ましてやそれら四前提すべてよりそれらを知っている方がより確実であるように、私には思える。ラッセルの四つの前提と私の感じのどちらがより合理的かを決定できるわけがない」(*ibid.*, p. 226)。

平たく言えば、より疑わしい命題を使ってより確からしい命題を否定するのは奇妙だ、というわけである。

以上は、懐疑論の議論そのものに弱さがあることを指摘する議論である。一九三九年の「外部世界の存在証明」(Moore, 1939) において、ムーアは一転、懐疑論テーゼの否定の直接的論証を提示している。それは次の議論である（Moore, 1959a, pp. 145-146）。

（M3）われわれの外部に物が存在することは、いろいろなやり方で証明することができる。たとえば手が二つあることを今ここで証明することができる。どうやって？　さあ、手をかかげてみるよ。これが私の両手だ。右手を見てごらん、「ここに手がある」。左手を見てごらん、「ここにもうひとつの手がある」。だから「手が二本ある」（証明終わり）。

これは厳格な証明であり、それによって、世界には外的対象が少なくとも二つあることが示された。また、同時に、そのことを私は知っていることが示された。

ここで、外部世界が存在することとそのことを私が知っていることの両方が論証されている。これが「懐疑論に対する常識的論駁」（*a common sense argument against skepticism*）である。

ムーアは、この議論を擁護して次のように言っている：懐疑論の疑いにさらされた人がみなこの議論に承服させられるわけではないことは驚くべきことではない。しかし、懐疑論者の論証は、不可避的に「哲学的直観」（*philosophical intuitions*）に訴えざるをえないようにみえる、そして、それはその論証が否定しようとする常識的主張のもつ説得力（*reason*）と比べるとかなり遜色がある（*ibid.*, pp. 148-150）。これは上記（M2）である。

3 要約

要約すれば、知識論において「常識実在論」を主張するムーアには、懐疑論論駁において積極的議論と消極的議論の二種類がある。積極的議論は、最後に述べた外部世界の存在の直接証明（M_3）であり、消極的議論は懐疑論の立場や議論そのものに欠陥があることを指摘する（M_1）および（M_2）である。積極的議論を擁護するために消極的議論の一つ（M_2）を用いていることは見ての通りである。

常識実在論がそのまま維持できるどうかは別にして、それを擁護するためにムーアが用いた三つの論点（（M_1）、（M_2）、（M_3））はそれぞれ一定の説得力をもつと思われるが、そのなかで最も強力で、基本的な考え方として現在なお有効でありうるのは、「懐疑論者の論証は、不可避的に哲学的直観に訴えざるをえないようにみえる、そして、それはその論証が否定しようとする常識的主張のもつ説得力と比べるとかなり遜色がある」という消極的論点（M_2）であると私は考える。[4] 次章以下で懐疑論論駁のために本書がとるアプローチはムーアのこの論点の翻案——それを多少具体的に敷衍したもの——である。

4　『確実性について』

先に述べたように、「常識の擁護」はウィトゲンシュタインがムーア最良の論文と激賞、ムーアもそれに同意したとされる論文である。最晩年になってウィトゲンシュタインは、「常識の擁護」をふくむムーアの一連の主張を詳しく検討している。遺稿『確実性について』(Wittgenstein, 1969) はその記録である。

ウィトゲンシュタインはおおよそ次のように論じている：ムーアが「自明な事実」と呼んだ命題群の確実性は認める。しかし、それらはムーアが主張するような知識ではない。知識は疑いがあるところにのみ生まれるが、自明な事実についてはそうではないからだ。それらは、探求や信念の正当化、議論、理由の要求、提示、知識要求などの実践を可能にする枠組みに属す命題群であり、それら自身は知識ではない。たとえてみれば、それらはドアの開け閉めに使われる**蝶番**(*hinges*)のようなものである(「すなわち、われわれが立てる問題と疑義は、ある種の命題が疑いの対象から除外され、問や疑いを動かす蝶番のような役割をしているからこそ成りたつのである」(341)。「つまり科学的探求の論理の一部として、事実上疑いの対象とされないものがすなわち確実なものである、ということがあるのだ」(342)。「ただしこれは、われわれはすべてを探求することはできない、したがって単なる想定で満足せざるをえないという意味ではない。われわれがドアを開けようと欲する以上、蝶番は固定されていなければならないのだ」(343)。「数学的命題には、いわば公式に、反駁不可能のスタンプが押されている。すなわち、「異議はほかの命題に向けよ。これは君の異論の支えになる蝶番であり、動かすべからざるものである」と」(655))。それらを受け入れるか否かは真偽の問題ではなく、実践の問題であり、「知/不知」というカテゴリーの外にある、すなわち、非-認知的である。

ムーアがたしかに知っていると指摘した命題群は、知っているという判断を可能にする条件に含まれるがゆえに自明ないし確実なのだ、という見方は、因果律の必然性に対するカントの説明に近い。ムーア常識実在論がカント以来のドイツ観念論に対するアンチテーゼを意図されていたことを考えれば、これは興味深い。

さて、ラッセルは知識に確実性を認めない立場を懐疑論と定義している。懐疑論にはいろいろな定義がありうる。古代において懐疑論は、われわれは多くの事柄について真理を所有していると断定する立場(ドグマチズム)および真理は把握不可能だと断定する立場(アカデメイア派)に対し、断定を行わない立場、あるいは、探究の完結を認めない立場、感覚的な現われを超えるどのような主張についても途上にあると考える立場を意味した(少なくとも、古代懐疑論の集大成者セクストス・エンペイリコスは『ピュロン主義哲学の概要』第一巻冒頭において懐疑論をそのような立場として導入している。セクストスによれば懐疑論は「判断保留主義」、「探究主義」とも呼ばれた）。この立場からすると、すべての真理は把握不可能だ（知りえない）と断定する立場はそれ自身ドグマチズムの一種である（否定的ドグマチズム）。本書では懐疑論を端的に、哲学的興味をひくある命題についてそれを知らない、あるいはそれを信じる合理的な正当化がない、と述べる一群の立場として理解する、あるいはそのような立場を考察の対象とする。本書にとって（おそらく大多数の論者と同様）懐疑論は論駁の対象である。この観点からより重要なのは、懐疑論の結論そのものではなく、それが提出する論拠である。認識論にとって懐疑論は議論を誘発する重要な論敵である（この論敵がなければ認識論の魅力は半減していただろう）。主張（結論）が挑戦的であればあるほど魅力的な論敵でありうる。ドグマチズムに似た懐疑論の定義にも一定の意味があると考える。次章以下では、「懐疑論者の挑戦」に対し今日どのように応答すべきかを考える。

註

（1）数学者デカルトはある時期まで、数学（幾何学や算術）の確実性を自明なこととして受け入れていた。そのデカルトを「方法的懐疑」に導いたのは、セクストス・エンペイリコスに代表される古代懐疑論との接触であったとされる。この間の事情については、熊野（2006b）、七-九頁、また本書第9章註（3）を参照。

（2）Wittgenstein（1969）序文参照。

（3）ムーアやラッセルを祖とする分析哲学はイギリス観念論との対決により形成された。イギリス観念論については URL=〈http://en.wikipedia.org/wiki/Absolute_idealism#British_idealism〉（2013.9.5）を参照。

第7章　懐疑論論駁――ムーア的または否定神学的アプローチ

「われわれの人生はいろいろなことを疑うことなく受け入れることによりはじめて成り立っている」

（ウィトゲンシュタイン『確実性について』）

クリスピン・ライトが、「その本質において、われわれが憂慮しなければならない懐疑論のすべての要素を含んでいる」ものとして、外部世界の実在に関するデカルト的懐疑と帰納の正当性に関するヒューム流の懐疑の二つを挙げた上で、それらに対する統一的な取り扱い方を提案して注目されている（Wright, 2004, p. 174）。ライトの議論は、われわれの「いろいろなことを疑うことなく受け入れる」態度に対するディフェンスとして興味深い。しかし、提案されたプログラムの有効性に私は疑問をもっている。本章では、ライトの提案とそれに対するマーティン・デイヴィス（Davis, 2004）の反対提案「ネガティブ・エンタイトルメント」論を検証した上で、それらとは異なる対懐疑論統一戦略——回避戦略——を提案する。

1 ムーアの証明

「（心の外の）世界は存在する」ことを信じる権限（*entitlement* エンタイトルメント）がわれわれにあるだろうか。そのような権限があることを示そうとする議論の中で最も簡単なものは、前章で見たムーアの証明（Moore, 1939）であろう。（簡略化すれば）それは次のように議論する。

（M_1） 手が見える。
（M_2） 手がある。
もし手があれば、世界もある。
よって
（M_3） 世界はある。

（M_1）「手が見える」は、（M_2）「手がある」の証拠として置かれている。（M_2）の二つの前提から（M_3）を導くこの論証は「前件肯定」（*modus ponens*）という妥当な推論形式に従っている。論理的にはまったく問題はない。気になるとすれば、(M₂)の中の「もし手があれば、世界もある」だろうか。これは対偶をとるとわかりやすい。次のようになる。「もし世界がなければ、手もない」。これは受け入れざるをえないだろう。[1]

2 ライト(2004)

しかし、ムーアの証明については「成功していない」という意見が大勢を占めてきた。ライト(Wright, 1984, 2004)もそれに同調する一人である。彼は次のように議論する。

同じ型をした次の議論を考える。

(E₁) ジョーンズはたったいま用紙に「x」と書き入れた。
(E₂) ジョーンズはたったいま投票した。
もしジョーンズがたったいま投票したのならば、選挙が行われているということだ。
ゆえに
(E₃) 選挙が行われている。

(E₁)「ジョーンズはたったいま用紙に「x」と書き入れた」は、(E₂)「ジョーンズはたったいま投票した」を支持する証拠となるだろうか。たとえば選挙訓練（消防訓練のような）が頻繁に行われている地域では、（E_1）は（E_2）の証拠にはならない。目撃したのは投票ではなく選挙訓練であったのかもしれない。次のように言いたくなる：（E_3）「選挙が行われている」を受け入れる根拠をあらかじめ持っている場合に限り、（E_1）は（E_2）を支持しうる。

　ムーアの証明についても同じことが言える。ムーアが（M_3）「世界は存在する」を受け入れる証拠をあらかじめ持っている場合に限り、（M_1）は（M_2）を支持しうる。つまり、（M_1）が（M_2）のための証拠となるのは（そして、そのことを通して（M_3）のための証拠となるためには）、（M_3）を受け入れる証拠がある場合だけである。しかし、（M_3）を受け入れる証拠を与えるのが論証の目的だから、論証は論点先取である。つまり、これから示すべき事柄を事前に仮定している。

　このタイプの論証が有効であるためには、（E_3）や（M_3）に対し、（E_1）や（M_1）とは独立した事前の支持が必要である。（E_3）にはそのような支持は可能だろうが（たとえば、その日の朝刊に、この地方のどこかの町で今日選挙が行われると書いてあった、という事実の提示）、（M_3）についてはそのような支持の見込みはまったくない。

料金受取人払郵便

郵便はがき

神田局
承認

1019

差出有効期限
平成28年2月
28日まで
(切手不要)

1 0 1-8 7 9 1

5 3 5

千代田区外神田
二丁目十八—六

春秋社

愛読者カード係

＊お送りいただいた個人情報は、書籍の発送および小社のマーケティングに利用させていただきます。

(フリガナ) お名前 (男・女)	歳	ご職業
ご住所 〒		
E-mail	電話	

※**新規注文書** ↓(本を新たに注文する場合のみご記入下さい。)

ご注文方法 □**書店で受け取り** □**直送(宅配便)** ※本代+送料210円(一回につき

書店名	地区	書名	
取次	この欄は小社で記入します		

ご購読ありがとうございます。このカードは、小社の今後の出版企画および読者の皆様とのご連絡に役立てたいと思いますので、ご記入の上お送り下さい。
ご希望の方には、月刊誌「**春秋**」（最新号）を差し上げます。　＜ **要** ・ **不要** ＞

〈本のタイトル〉※必ずご記入下さい

●お買い上げ書店名(　　　　　地区　　　　　　　書店　)

●本書に関するご感想、小社刊行物についてのご意見

※上記感想をホームページなどでご紹介させていただく場合があります。(諾・否)

●購読新聞
1. 朝日
2. 読売
3. 日経
4. 毎日
5. その他
(　　　　　)

●本書を何でお知りになりましたか
1. 書店で見て
2. 新聞の広告で
(1)朝日 (2)読売 (3)日経 (4)その他
3. 書評で (　　　　　紙・誌)
4. 人にすすめられて
5. その他

●お買い求めになった動機
1. 著者のファン
2. テーマにひかれて
3. 装丁が良い
4. 帯の文章を読んで
5. その他
(　　　　　)

●内容
□満足 □普通 □不満足

●定価
□安い □普通 □高い

●装丁
□良い □普通 □悪い

最近読んで面白かった本 (著者) (出版社)

(書名)

㈱春秋社 電話03・3255・9611 FAX03・3253・1384 振替 00180-6-24861
E-mail:aidokusha@shunjusha.co.jp

3 証拠懐疑論

話を整理してみよう。

ムーアの証明は次の構造をもっている：（M_1）「手が見える」という観察事実が（M_2）「手がある」を支持する証拠となる。そして、その証拠は、「手がある」と「もし手があれば、世界も存在する」とから、論理的演繹を通して（M_3）「世界は存在する」という結論にそっくりそのまま転移する。

ライトが指摘するのは次である：（M_1）「手が見える」が（M_2）「手がある」を支持する証拠となるのは、あらかじめ（M_3）「世界は存在する」を受け入れる証拠がある場合に限る。これは循環である。

このことは次を示す。たとえ（M_1）が（M_2）を支持する証拠となったとしても（われわれはふつう証拠となる、と考えている）、その証拠は（M_2）の論理的帰結である（M_3）「世界は存在する」に転移しない。つまり、証拠の「転移の失敗」（*transmission failure*）がここで起きている。証拠の概念は論理的演繹に関して必ずしも閉じてはいない（証拠閉包原理の不成立[2]）。

この議論の帰結：われわれの証拠の概念全体は根拠のない前提に基礎をおいている。ここで、根拠のない前提とは「世界は存在する」である。根拠のない前提に基礎を置く証拠は有効ではない、とすれば、これは、「われわれの証拠の概念全体は有効ではない」という懐疑論である。

4 エンタイトルメント、懐疑論に対する統一戦略

この「証拠懐疑論」に対しどのような応答があるだろうか。ライト自身の応答は次である。「世界は存在する」という命題Hの正しさを前提としない限り「手がある」という命題Eは「証拠による正当化」(*evidential justification*)をもたない(知覚証拠により正当化されない)、ところでHの正しさは言えない、よってEは証拠による正当化をもたない。よって、Hやそれに支えられる(Eに代表される)すべての命題は保証されない、と懐疑論は議論する。[3] しかし、この議論は正しくない。Hやそれに支えられるすべての命題が証拠による正当化をもたない、という前提と、それらはいかなる保証ももたない、という結論との間には論理的なギャップがある。知覚証拠による正当化をもたない保証を考えれば、すべては保証をもたない、という結論にはならない。通常、信念の形成のためには(知覚)証拠という「料金」を払う必要がある。しかし、「世界は存在する」や「自然は斉一的である」といった「礎石命題」(*cornerstones*)——与えられた思考領域において、それに対し保証がない場合、その領域のどの信念についても保証があると合理的に主張できなくなる命題(Wright, 2004, pp. 167-168)——については、無料の(信じる)権限というものがあるはずである。たとえば、「世界は存在する」という命

題は、世界の構造を探ろうという研究活動が有意義であるために欠くことのできない前提である。それを信じる権限がある。

ライトはこのように考え、信念の種類に応じていくつかの型の権限（エンタイトルメント）を試みに定義している[4]。そして、このような方向で種々の懐疑論に答えていこうというアプローチを、懐疑論に対する「統一戦略」（*unified strategy*）と呼んでいる。

5 デイヴィス（2004）

ライトの論文は、「アリストテレス協会」のプロシーディングに掲載されている。同じ号に掲載されたリビュー論文でマーティン・デイヴィス（Davies, 2004, p. 224）が、ライトを批判している。それは次のものである。

ライトのアプローチの主要な問題は、懐疑論者の主張に挑戦しない、という点にある。懐疑論者によれば、目の前にコンピュータがあるという信念が保証をもつためには、事前に、夢を見ているのではないという信念への保証をもつ必要がある。また、手があるという信念が保証をもつためには、事前に世界が存在するという信念への保証をもつ必要がある。そして、それら礎石命題への保証はえられない。この議論をライトは認めている。結果的にえられる「権限」は（それがどのようなものであれ）きわめて弱い。

ネガティブ・エンタイトルメント

デイヴィスが提案するのは、ライトのそれと似ているが異なる、次のようなアプローチである。ライトのアプローチは、（「無料の」と言いながらも）証拠命題Eや礎石命題Hについてなんらかの積極的正当化がなければ保証はない、と想定している。しかし、疑う理由がなければ保証を認めてよいのではないか。「疑うべき何らかの理由がない限り、人はいろいろなことを疑わない権限、疑いにかかわりあわない権限をもつ」――この権限を「ネガティブ（消極的）・エンタイトルメント」（*negative entitlement*）と呼ぼう。ライトのような「ポジティブ（積極的）・エンタイトルメント」の概念によらずとも、ネガティブ・エンタイトルメントの概念さえあれば、事態を適切に分析できる[5]。

懐疑論的結論をブロックできる

「手があるという信念に保証をもつためには、事前に世界が存在するという信念への（積極的）保証をもつ必要がある」、ところで「事前に世界が存在するという信念への（積極的）保証をえることはできない」、よって「手があるという信念に保証をもつことはできない」。懐疑論者はこのように議論する。「手があるという信念に保証をもつためには、事前に世界が存在するという信念への（積極的）保証をもつ必要がある」ということ自身を否定しよう。（世界が存在するという信念について）「疑う理由がない」という消極的保証（ネガティブ・エンタイトルメント）で十分であるとしよう。このようにして懐疑論的結論をブロックできる（懐疑論の論証をスタートさせないことができる）。

ムーアの証明は成功していない

ムーアの証明については次のように考えればよい。「手がある」という命題Eのもつネガティブ・エンタイトルメントは「世界は存在する」という命題Hに転移する、と考えてよいだろう（閉包原理を疑う理由はない）。しかし、ムーアの証明のねらいはHの立証だから、論証の最中、Hの正しさを仮定できない。つまり、Eを疑う理由がある。だから、Eはネガティブ・エンタイトルメントをもたない。したがって、この場合Eに対しムーアの論法を適用できない。つまり、ムーアは「世界は存在する」がネガティブ・エンタイトルメントをもつことを論証できていない。ムーアの証明はこの意味で、世界の存在の立証に失敗している（ibid. p. 241）。

つまり、世界に関する命題にはいかなる保証もない、という結論を避けることができるし、また、世界の存在はムーアのやり方では論証されない、と言うこともできる。

6 「疑うべき理由」で何が意味されているか

デイヴィスは「ネガティヴ・エンタイトルメント」が、知覚信念に関するプライヤー（Pryor, 2000, 2004）の「ドグマチズム」（*dogmatism*）に近い概念であることを隠していない（「ネガティブ・エンタイトルメントは、懐疑論を拒否する認識論的枠組みに自然にフィットする。だから、それはたとえば、知覚による正当化についてのプライヤーのドグマチズムと自然にフィットする」（*ibid.*, p. 243））。

知覚信念（知覚から直接えられる信念）について、疑う理由がない限り、それは正しい、とプライヤーは言う。「打ち負かす証拠がない限り、単なる知覚が「手がある」と信じるのを正当化するのに十分である」（Pryor, 2000, p. 532）。つまり、疑う理由がない限り、見えるとはある、ということだ、そのことの成立に別の命題（たとえば、視覚が正常であることの確認）は一切必要ない、というわけである。

この立場では、ムーアの証明は至極まっとうなもので、世界の存在を適切に証明しえている。その証明に多くの人々が違和感を抱いてきたのは、ある種の錯覚にすぎない（Pryor, 2004）。

プライヤーは知覚信念についてネガティブ・エンタイトルメントの考え方を適用している（ただし、プライヤー自身はネガティブ・エンタイトルメントという言葉を使ってはいない）。

デイヴィスはそれを、礎石命題とそれに似た機能を果たす命題（擬礎石命題（*cornerstone-like propositions*）――それに対する根拠のある疑いが、それにより支えられるすべての信念の保証を壊すことになる命題）に対し適用している。「疑うべき何らかの理由がない限り、人はいろいろなことを疑わない権限、疑いにかかわりあわない権限をもつ」というときの、「疑うべき理由」として何が想定されているかが問題である。

プライヤーにおいては、この点は明確である。「見える」から「ある」を受け入れることに対する潜在的反例を彼は、日常的証拠に限っている。机が赤く見えることから、その机は赤い、と判断したとしよう。その判断が覆るのは、たとえば、「照明を使っている」ことを知らされたり、自分が眼病にかかっていることを思い出したりしたときなどであり、自分が培養槽の中の脳であるかもしれないことが告げられたときなどではない――このように主張される（ibid. p. 532）。通常「見える通りにものはある」は、それが正当であるために、われわれが夢を見ているのではない、などということの証明は一切必要ない、単に「見る」ことが「ある」を保証するのだ――これがプライヤーのドグマチズムである。

デイヴィスは、礎石命題（や擬礎石命題）についてネガティブ・エンタイトルメントの概念を適用しようとする。しかし、礎石命題にはよく知られた哲学的懐疑が存在する。哲学的懐疑を数に入れたならば、「世界は存在する」や「自然は斉一的である」には疑う理由がないから、それらを疑わない権限がある、とは言えない。デイヴィスもプライヤーとともに「疑うべき理由」を日常的理由と解釈していることになる。

礎石命題について疑うべき日常的理由はない（日常われわれはそれらを疑わない）、と言ってよいだろう。疑うべき理由を日常的理由と解釈すれば、たしかにそれらについてわれわれはネガティブ・エンタイトルメントをもつ、と言うことができるだろう。しかし、それらを疑うよく知られた哲学的理由が存在する（ライトの証拠懐疑論もその一つである）。デイヴィスはなぜそれらを無視できるのだろうか。

デイヴィスは礎石命題について哲学的懐疑を無視する理由をはっきり述べていない。しかし、外部世界の存在や帰納について懐疑的仮説が提出されている以上、何らかの仕方でそれを排除する必要があるように思える。日常的探求の場面では懐疑的仮説にかかわる必要はない。日常的懐疑だけを気にかければよい。しかし、もしデイヴィスがライト同様、懐疑論者が論敵として登場する哲学的ゲームに従事しているのならば（そして実際彼はそれに従事していると思うが）、議論なしに懐疑的仮説を無視するのは奇妙だ。哲学的ゲームにおいては、礎石命題を疑うべき理由に懐疑的仮説が含まれる。したがって、それらを何らかの仕方で排除しない限り、哲学的ゲームの従事者としてのわれわれは、礎石命題について「疑わない権限」すなわちネガティブ・エンタイトルメントをもつ、とは言えないだろう。

7　イージーナレッジの問題

デイヴィスが支持しているプライヤー流のネガティブ・エンタイトルメントには別の問題もある。コーエン（Cohen, 2002）がプライヤーを批判して以下のように述べている：感覚が知識を与えるのは、それが信頼できる場合のみである。しかし、感覚が信頼できるかどうかは結局、感覚に基づく世界についての知識によらざるをえない。これは循環である（これは記憶、帰納等についても言える）。このような懐疑論者の挑戦を回避する一つの方法は、次のKR原理（*the KR principle*）を否定する事である。

KR　潜在的知識源Kが個人Sに知識をもたらすのは、Kが信頼できるものであることをSが知っている場合およびその場合のみである。

バージ（Burge, 2003）が、外在主義の立場に立ってKR原理を否定している。彼によれば、知覚、記憶等の知識源にその信頼性についての知識（保証）を要求するのは、認知状況に対する過度の知性化（*hyper-intellectualization*）である。動物の知覚や通常の知覚信念はそのような保証を必要としない。それらがもつ、裏付けを必要としない認知的保証を「エンタイトルメント」と呼ぶとすると（註（5）参照）、「エンタイトルメントは、認知的権利ないし権限であって、それ自身認識主体によってそれとして理解される必要はないし、そのように意識される必要さえもない。他の事情が等しければ、われわれは、知覚や記憶、演繹的推論、帰納的推論や、他人の証言を頼る権限がある。われわれは日常人として、知覚がもたらす諸信念を頼ることが許される。哲学者たちはそれらエンタイトルメントについて分析してよい。しかし、知識源がエンタイトルメントをもつために、それらに頼ることが正当化できることや、何らかの正当化に気づくことさえ必要ではない」（Burge, 1993, pp. 458-459）

ＫＲ原理を否定することは、「基礎知識」（*basic knowledge*）――その信頼性について裏付けを必要としない知識――を認めることである。たとえば視覚は知識をもたらす、視覚の信頼性について裏付けがなくともそうだ、と認めることである。しかし、ひとたび基礎知識を認めると、非常に容易に知識が手に入ってしまう。

次の例を考えよう（赤いテーブルの例）。

（T_1）　このテーブルは赤く見える。

（T_2）　このテーブルは赤い。

もしこのテーブルが赤いのならば、それは赤の照明により照らされた白いテーブルではない。

したがって

（T_3）このテーブルは赤の照明により照らされた白いテーブルではない。

基礎知識を認める人によれば、照明条件がふつうで、自分の感覚器官が正しく機能していることを疑う理由がなければ、（T_1）の記述する視覚経験が（T_2）を信じる権限をもたらす。その権限にとって、（T_3）をあらかじめ信じる権限など必要ない。しかし、このようなやり方で、赤く照明された白いテーブルを見ているのではないことを知ることができる、というのは非常に非適切に思える。

これがコーエンの指摘する「イージーナレッジの問題」（*the problem of easy knowledge*）である。コーエンはいま一つ問題を指摘している。次の議論を考えよう。

（E_0）このテーブルは赤いという経験を私はもっている。

（E_1）このテーブルは赤い。

（E_2）このテーブルは赤く見える。

よって

（E_3）少なくともこの場合、私の色覚は正しく機能した。

目の前のテーブルが赤く見える、ということだけから自分の色覚の（この特定の場合の）正常さが結論されている。これが「イージーエビデンスの問題」（*the problem of easy evidence*）である。

デイヴィスは、ネガティブ・エンタイトルメントの範囲で、（基礎知識を認めることから発生するように見える）これらの問題を処理できる、としている：テーブルが本当は白く、照明で赤く見えているにすぎないかどうかの問題は、（T_1）や（T_2）によっては解決されない。照明によって色がついているのではないかという疑いがある状況では、（T_2）はネガティブ・エンタイトルメントをもたない。したがって、ムーアの証明同様、（T_2）から（T_3）への論証は有効ではない（「このテーブルは赤の照明により照らされた白いテーブルではない」はネガティブ・エンタイトルメントをもつ、だから知識である、とは結論できない）。イージーエビデンスの問題についても同様。自分の色覚について疑いがある場合、赤く見えるという経験（（E_0））はテーブルが赤い（（E_1））ことの証拠とはなりえない。問題は基礎的知識を認めることと自身から発生しているのではない（*ibid.*, pp. 242-243）。

デイヴィスが礎石命題について哲学的懐疑を無視するのは、プライヤーやバージとともに、ＫＲ原理を拒否できるとみているからであろう。プライヤーは知覚信念についてＫＲ原理を拒否する。これに対し、デイヴィスは、（たとえば）経験的な知識源である帰納についてＫＲ原理を拒否する。これは、プライヤーと比べてもデイヴィスがかなり大胆な立場を採用していることを意味する（バージは帰納についてもKR原理を拒否するから、デイヴィスと同じほど大胆）。窓の外に木が見えれば、それはそこに木があるということである。その保証のために、自分の視覚が正常であることを知っている必要はない、とプライヤーは言う。ある天文学者がある科学的方法（広い意味で帰納の一つの形態であると考えよう）を駆使して、太陽系にいま一つ惑星があることを見つけたとする。太陽系にいま一つ惑星があることの保証のためには、彼の用いた方法が信頼できるものであることを彼が知っている必要はない、とデイヴィスは言っていることになる。これはかなり大胆な（あるいは、直観に反する）主張であると思う。

8　懐疑論の信管をはずす

「疑うべき何らかの日常的理由がない限り、人はいろいろなことを疑わない権限がある」――これがデイヴィスのネガティブ・エンタイトルメントであることになる。疑わない権限で十分であるというデイヴィスの論点に私は同意するが、（哲学的ゲームにおいて）哲学的懐疑を無視することには同意しない。私はそれを次のように再定義したい。

「疑うべき哲学的理由がない限り、人はいろいろなことを疑わない権限（ネガティブ・エンタイトルメント）をもつ」

デイヴィスの概念を「日常的ネガティヴ・エンタイトルメント」と呼ぶとすれば、これは「**反省的ネガティヴ・エンタイトルメント**」と呼べるだろう。

ネガティヴ・エンタイトルメントをこのように再定義した場合、「世界は存在する」、「帰納は正当である」など、疑うべき哲学的理由があるとされる命題についてネガティヴ・エンタイトルメントをもつためには、それらに対する哲学的懐疑を取り除く必要がある。疑いを除く道は二つある。私は、デイヴィスとともに、(ライトのような弱い形のものであれ、たとえば「世界は存在する」あるいは「帰納は正当である」の)積極的論証は必ずしも必要ではない、と考える。いま一つの道――懐疑論者の疑いが懐疑論的結論を樹立するのに十分ではないことの論証――で十分であると考える。

われわれは常識の世界に住んでいる。懐疑論は、それは真の世界ではないかもしれないと指摘している。われわれは住処を変えるべきだろうか。われわれはすでに常識の世界に莫大な「投資」を行っている。われわれの常識的信念の網は、少なくともこれまで有効に機能している。懐疑論がほとんど何も構築しない以上、それが住処の変更理由になるためには、決定的な論証をもっていることが必要になる。一般に、特殊な主張をしている方に立証責任がある。懐疑論者の疑いに疑いの目を向けるのが得策であると考えるゆえんである。

哲学的懐疑を取り除くためには、その議論が懐疑論的結論を樹立するのに十分ではないことを論証すれば十分であると考える立場を「回避主義」と呼ぶことにしよう。回避主義においては、いくつかの代表的な懐疑がその結論を樹立するのに十分ではないことを論証する――いわば「懐疑論の信管をはずす」(*defuse*) ことによって――、そして、それを行うことによって哲学的懐疑にさらされた諸命題を疑わない (反省的) ネガティヴ・エンタイトルメントを確保する、というプログラムが成立する。これが、私が考えるライトの対懐疑論戦略「エンタイトルメント論」への対案である[6]。

このプログラム (「**回避戦略**」と呼ぶ) が成功した場合のことを考えておこう。外部世界の存在や帰納の正当性に対し反省的ネガティヴ・エンタイトルメントが与えられた、とする。この場合、何がえられるのか。われわれの基本的な信念が主要な哲学的懐疑から自由になった、ということだけである。これは弱い権限であるかのように見えるが、そうではない。ライトのエンタイトルメントは、基本的に懐疑論の論証を受け入れた上で成立する権限であるから、きわめて弱い。これに対して、回避主義は懐疑論に譲歩していない。それはたしかに、(プライヤーのドグマチズムやデイヴィッドソン (Davidson, 1974)、パトナム (Putnam, 1981) のように) われわれの信念体系の大部分が真であることを論証しない。しかし、そのような論証を望むのは野心的な哲学者だけであろう。反省的ネガティヴ・エンタイトルメントはわれわれの信念体系をあるがままにしておく。

はじめに述べたように、ライトは、近代の懐疑論の代表として、外部世界の実在に対するデカルト的懐疑と帰納の正当性に対するヒュームによる懐疑の二つを挙げ、それらが「その本質において、われわれが憂慮しなければならない懐疑論のすべての要素を含んでいる」と見ている。(7) 哲学的懐疑にはさまざまな側面がある。哲学的懐疑すべてがデカルト的懐疑とヒューム流懐疑に還元される、と考える必要は必ずしもないだろう（物質の存在や他人の心、過去の実在、意味の客観性等について独自の懐疑と解決の試みがありうる）。しかし、含まれる論点の一般性やそこから生まれた哲学的影響力から見て、ライトが挙げる二種類の懐疑論が考慮すべき懐疑論の代表であるという点については、異存はない。

次の二つの章では、外部世界の実在に関するデカルト的懐疑論と帰納の正当性に対するヒュームの懐疑論について、この順序で回避主義の観点からの解決を追求する。懐疑論者の疑いが懐疑論的結論を樹立するのに十分ではないことの論証を与えることにより、外部世界の実在に対するわれわれの信念や帰納の正当性に反省的ネガティブ・エンタイトルメントを確保するのが目標である。最初はデカルト的懐疑論である。（二つの懐疑論は異なる哲学的背景をもつ。それを含めて二つの懐疑論を論じる。）

9 方法論についての註――否定神学的アプローチ

本書の対懐疑論戦略（回避戦略）の位置づけをいま少し明確にしておこう。

懐疑論に対する可能な対処の仕方はまず、懐疑論の結論を受け入れるか否かで二つに分かれる。受け入れる場合もまた二種類の対応がありうる。一つは懐疑論であり、いま一つは、解釈により懐疑論のもたらすダメージをやわらげるというアプローチである。「懐疑的解決」(*skeptical solution*) と呼ばれるのがそれで、帰納に従うことをわれわれの習慣であると指摘したヒュームがその代表者である。「規則遵守のパラドクス」(補遺Ⅲ参照) に対してウィトゲンシュタインは懐疑的解決を採用したというクリプキ (Kripke, 1982) の解釈はよく知られている。ライトの統一戦略もこのアプローチである。

懐疑論の結論を受け入れないアプローチには、懐疑論者の結論の否定を論証することにより懐疑論に答えようというものと、懐疑論の用いる前提群や論証に誤りがあることを指摘することによって懐疑論を無害化しようとするものがある。ムーアの外部世界の存在証明やプライヤーのドグマチズムは前者に属すアプローチである。後者の場合、懐疑論者は問題提示に失敗したことになり、問題そのものが解消される。帰納の問題に対するストローソン (Strawson, 1952) のアプローチはここに含まれる (第9章参照)。ムーアの「消極的論点」(第6章第3節) はこのアプローチの古典的形態である。回避戦略もここに含まれる。

懐疑論的パラドクスの前提もしくは推論に欠陥があることを示すことによりパラドクスを解消しようというこのアプローチは、シッファー (Schiffer, 2003, pp. 68-69) が「笑顔の解決」(*happy face solution*) と呼んでいるものである。シッファーによれば、これは望みのないアプローチで、彼は「概念の変更」(*conceptual revision*)を通じた問題の解決を推奨している。シッファーはそれを「しかめ面の解決」(*unhappy face solution*)と呼んでいる。ライトは、自分のアプローチが「笑顔」と「しかめ面」の両方をまたいでいることを認めた上で(礎石命題やその論理的帰結すべてが証拠による正当化をもたない、という前提と、それらはいかなる保証をもたない、という結論との間には論理的なギャップがあることをライトは指摘しているので、笑顔の解決の側面をもたないことはない)、「笑顔の解決」を追求する哲学者にはシニカルに「幸運を祈るのみだ」と述べている(*ibid*., p. 207)。

キリスト教神学において、神を論ずる際に使われた方法論の一つに「**否定神学**」(*apophatike theologia, negative theology*)がある(ラテン語では「否定の道」(*via negativa*))。そこでは、「全知である」、「善である」、「存在する」といった肯定的な述語により神を説明することはできず(できるとするのが「肯定神学」(*cataphatic theology, positive theology*))、超越者である神は「……ではない」という否定的な述語によってのみ語られうるとされる[8]。懐疑論者の議論の否定を通して世界についての常識的理解に反省的正当性(哲学的正当性)を確保しようとする回避戦略プログラムは、「否定の道」の系譜に属すると言ってもよいかもしれない。この場合の超越者は常識の正当性である。

註

（1）ケンプ・スミス訳のカント『純粋理性批判』第二版の序文に次のことばがある：「われわれの外部に物が存在するということは、単に信仰（*faith*）として受け入れられなければならないということ、そして、もし誰かがそれらの存在について疑う余地があると考えるとすれば、彼の疑いに対し満足できる証明により答えることはできない、という哲学にとってのスキャンダルが今なお続いている」。この「哲学のスキャンダル」を解消するためにムーアが提出したのが、この論証である（Moore, 1959a, p. 127, pp. 146-147）。

（2）任意の命題について、ある事柄――たとえば「知られている」――が成立していれば、本人により演繹が実行されたという条件下で、それはその命題のいかなる論理的帰結においても成立する、とする原理を「閉包原理」（*closure principle*）と言う。ここで、「（M_1）は（M_2）を支持する証拠となるが、（M_1）は（M_2）の論理的帰結である（M_3）を支持する証拠とならない」、したがって、これは証拠の転移の失敗――証拠に関する閉包原理（証拠閉包原理と呼ぼう）の破綻である、と主張されている。しかし、ここで起きているのは、そもそも「（M_1）は（M_2）を支持する証拠となる」が成立していない、ということではないか。この場合、ここで起きているのは「転移の失敗――証拠閉包原理の破綻」ではないことになる。ただし、この指摘が正しいとしても、以下の議論は傷つかない。

（3）ここで、「保証」はごく一般的な意味で――「正当化」――と同じ意味で使われている。「保証」（*warrant*）はもともと、プランティンガ（Plantinga, 1993a, 1993b）が、知識（*knowledge*）と真な信念（*true belief*）との違いを説明する概念として導入したものである。保証にとって決定的なのは、「適切な種類の認知状況における人の認知能力の適切な機能」であると、プランティンガ自身は主張している。プランティンガの（外在主義的）含みはここでの「保証」にはない。「正当化」もそれ自身多様な意味をもつ概念である（たとえば「演繹的正当化」、「帰納的正当化」等がある）。ここでもっぱら注目されているのは「知覚証拠による正当化」である。

なお、ここで要約されている懐疑論において、「世界は存在する」を「自然は斉一的である」、「手が見える」を「太陽はこれまで毎日昇ってきた」、「手がある」を「明日も太陽は昇る」でそれぞれ置き換えれば、ヒューム流の懐疑論となることに注意。外部世界の存在に関するデカルト的懐疑論もヒューム流帰納懐疑論も同じ構造をもつことになる。本章註（7）参照。

（4）ライトは、特定の戦略を選択したり、意思決定に際していくつかの前提を仮定したり、研究を遂行するために特定の前提を置いたり、物質世界や他人の心といった実体の存在を仮定することについて、そのようにする権限がわれわれにあることを示そうと試み、それぞれ、「戦略的エンタイトルメント」、「合理的熟考のエンタイトルメント」、「研究プロジェクトのエンタイトルメント」、「実体のエンタイトルメント」と名づけている。

なお、ライヘンバッハ（Reichenbach, 1938）による帰納のプラグマチックな正当化の議論はよく知られている。ライヘンバッハは、帰納原理（自然の斉一性原理）の正当化――演繹的正当化（*validation*）――が不可能であることを受け入れた上で、帰納的態度（*inductive policy*）をとり続けることの擁護（*vindication*）を試みている。私の見るところ、ライトの「無料の権限（エンタイトルメント）」論は、帰納に関するライヘンバッハのアプローチの一般化である（ライトにあっては、ライヘンバッハ流のアプローチは「戦略的エンタイトルメント」の一つとして位置づけられている。*Ibid.*, § III）。

（5）法哲学における ノージック（Nozick, 1974）の「エンタイトルメント」論はよく知られている。この場合の「エンタイトルメント」は土地等の財を所有する権限のことで、ノージックはこの権限が公正であるための条件について議論している。認識論に、いろいろな事柄を信じる権限という意味で「エンタイトルメント」概念を導入したのはバージ（Burge, 1993）である（Burge, 2003, 504-05 による）。バージは一貫してそれを外在主義的な意味で使っている：人がある事柄を信ずるエンタイトルメントをもつのは、それについて保証（*warrant*）をもつ場合で、かつ、保証をもつために彼はそれをもっていることを意識していなくてよい。ライトの「エンタイトルメント」概念には外在主義的意味はない。ライトは、エンタイトルメントを「合理的信頼」（*rational trust*）と言い換えている（Wright, 2004, p. 194）。認識論におけるエンタイトルメントはしばしば「認知的エンタイトルメント」（*epistemic entitlement*）と呼ばれる。

バーリン（Berlin, 1958）が、対となる二種類の自由概念を提唱している。積極的自由（*positive liberty*）と**消極的自由**（*negative liberty*）である。積極的自由が政治の力を借りて積極的に自由を実現していこうとする態度をあらわすのに対し、**消極的自由**は他者の強制的干渉が不在の状態を意味する。疑いの不在をもって「消極的」エンタイトルメント、それ以外を「積極的」エンタイトルメントとするデイヴィスの区別がこれに並行するものであることは容易に見てとれる。ライトが「無料の」権限と呼んでいるものは、疑いの不在以外の要素を権限（エンタイトルメント）に求めている点で「積極的」である。

（6）「懐疑論的議論に対し、それを受け入れないと言っただけでは不十分。どこが間違っているのか、にもかかわらずどうしてそう誘惑的なのか、を知りたいのだ」（Williams, 2001, p. 67）という見方がある。これがおそらく現在の懐疑論論駁の標準的立場であろう。「にもかかわらずどうしてそう誘惑的なのか」はたしかに重要な問題である。懐疑論の主張そのもののタフさから見て、その脅威からのがれるためには、「どこが間違っているか」の指摘でさしあたり十分であると考えるが、「にもかかわらずどうしてそう誘惑的なのか」の分析が得られれば望ましいことは否定しない。

（7）他の種類の懐疑――物質の存在に対する懐疑や、他人の心に対する懐疑、過去の実在に対する懐疑等――は、それら二種類の懐疑論がもつ共通の議論構造（第3節「証拠懐疑論」）により捉えることができる、と見るからである（過去の実在に対する懐疑を例にとろう。「Ⅰ 昨日雨が降った記憶がある。Ⅱ 実際昨日雨が降った。よって、Ⅲ 世界は今日突然生まれたわけではない」という議論を考える。ここで、Ⅰ「昨日雨が降った」という記憶がⅡ「昨日雨が降った」という命題の証拠とされている。そして、そのことを通して、Ⅲ「世界は今日突然生まれたわけではない」の証拠となるとされている。しかし、Ⅰ「昨日雨が降った」という記憶がⅡ「昨日雨が降った」という命題の証拠になるためには、Ⅲ「世界は今日突然生まれたわけではない」にあらかじめ記憶による証拠が成立している必要がある。これは循環である。よって、「世界は今日突然生まれたわけではない」（過去は実在する）は証拠による保証をもたない（Wright, 2004, pp. 170-174））。

（8）否定神学：コプルストン（1970）第9章および第35章、立花（2001）参照。

第8章　外部世界の実在に対するデカルト的懐疑

われわれが現実と考えているものは実は夢かもしれない、という話は古来多い。荘子の胡蝶の夢、李公佐の南柯の夢、プラトンの洞窟の寓話、デカルトの悪霊などである。それらの中で近年認識論のみならずＳＦ映画にもとりあげられ人気があるのは、われわれは身体をもった人間ではなく、実はコンピュータ・プログラムによりもろもろの経験をするようにセットされている「培養槽の中の脳」であるにすぎないのかもしれない、というシナリオである。そのシナリオをいま少し具体的に述べると次のようになる。一人のマッドサイエンティストがいて、ある人の脳を身体から切り離し、培養液の入った水槽に入れた。彼はその脳の神経細胞をコンピュータにワイヤーでつなぐ。コンピュータは、脳が通常受け取るのとまったく同じ電気信号を脳に送る。コンピュータは仮想現実をシミュレートし、身体から切り離された脳は現実世界と一切の関わりを断たれながら、通常の意識経験と完全に同じ経験を持ち続ける。彼は自分が生身の人間なのか、それとも培養槽の中の脳であるのか識別できない。

われわれが培養槽の中の脳である論理的可能性があること自身については何の問題もないようにみえる。しかし、培養槽の中の脳ではないことをわれわれは知らないということから、われわれは自分に手や足があることを知らない、という結論を導く懐疑論がある。もしわれわれが自分に手や足があることを知らないのならば、多分われわれは窓の外に木があることも知らないであろう。つまりこれは、外部世界について(その実在を含めて)われわれは何も知らない、という懐疑論と実質同じである。

このタイプの懐疑論——外部世界の実在に対する(あるいは外部世界についての知識に関する)懐疑論——に対する応答の中で近年注目を集めてきたのは、懐疑論の議論の基礎を与えている「閉包原理」(知識の論理的帰結は、帰結関係が知られている場合、すべて知識であるとする原則)を否定することを通して、その結論に抵抗するというドレッキ(Dretske, 1970)やノージック(Nozick, 1981)のアプローチである。懐疑論者の結論の否定を直接論証するのではなく、懐疑論者の置く前提を攻撃することを通してその結論に抵抗する彼らのアプローチは回避戦略にほかならず、健全であると思われる。しかし、彼らの閉包原理批判そのものには無視できない反論がある(Stine, 1976, Forbes, 1984, Vogel, 1990, DeRose, 1995, Lewis, 1996)。以下では、ドレッキ、ノージックの回避戦略の翻案を提案する。閉包原理の真偽にかかわりなく懐疑論者の結論を回避できることを述べる。

1　無知からの論証

培養槽の中の脳（*Brain in a Vat*、ＢＩＶと略）という論理的可能性を使って「私に手があることを私は知らない」という結論を導く論証は次のものである。

(1)　私に手があることを私は知っている。

(2)　もし私に手があれば私は（手足のない）ＢＩＶではない、ことを私は知っている。

ところで

(3)　もし私がある事柄ａを知っていて、しかも、ａが別の事柄ｂを含意することを知っているならば、私はｂも知っている（閉包原理）。

よって

(4)　私はＢＩＶではないことを私は知っている。

ところで

(5)　私はＢＩＶではないことを私は知らない（問題の設定からＢＩＶは私とまったく同じ経験をもつ、経験では両者を識別できない）。

よって

（6）　私に手があることを私は知らない。

見やすさのため、この論証の形式版を述べておこう。[1] p＝「私に手がある」、q＝「私はBIVではない」、K＝「私は……を知っている」と置く。すると上の論証は次のように記号化される（¬は否定記号）。

（1）　Kp
（2）　K(p→q)
　　ところで
（3）　(x)(y)((Kx & K(x→y))→Ky)　（閉包原理）
　　だから
（4）　Kq
　　しかし
（5）　¬Kq
　　よって
（6）　¬Kp

容易に見てとれるように、この論証は次のようにも表現される。

(7) ¬Kq

(8) ¬Kq → ¬Kp （(2)と(3)のもと真）

よって

(9) ¬Kp

これを日常語に戻そう（各命題の番号はそのまま）。

(7) 私はＢＩＶではないことを知らない。

(8) もし私がＢＩＶではないことを知らないならば、私に手があることを私は知らない。

よって

(9) 私に手があることを私は知らない。

ここでは、私はＢＩＶではないことを知らないということから、私には手があることを知らないことが導かれている。デローズ（DeRose, 1995）は、この形の議論を「無知からの論証」（*argument from ignorance*、以後ＡＩと略）と呼んでいる。以下では、懐疑論的論証をこのより簡単な形によって代表させよう。[2]

2 「私は培養槽の中の脳である」という文の自己論駁性と懐疑論

無知からの論証は、自分がＢＩＶではないことを知らないということから、自分に手があることを知らないことを導いている。たいていの人は、自分がＢＩＶではないかどうかはわからないということを認めそうである。しかし、自分には手があるかどうかわからないことは認めないであろう。上の議論のどこかがおかしいことになる。どこだろう。

手があることを私は知っているし、およそ懐疑論者の議論の前提がこの事実を上回る確実性をもつことなどありえない、として論証（とりわけ、「私は培養槽の中の脳ではないことを知らない」という最初の前提(7)）を否定する「ムーア流の解答」（*Moorean response*）――ムーアならば行うであろうと思われる解答――がある。これは分かりやすい応答の仕方である。しかし、懐疑論的論証がもつある種の説得力を説明しないという不満が出るかもしれない。

(7)については、パトナム（Putnam, 1981）が「私は培養槽の中の脳ではない」ことの有名な証明を提案している。パトナムの主なねらいが、彼の言う「形而上学的実在論」（*metaphysical realism*）の否定にあるにせよ、「私が培養槽の中の脳でないことを私は知らない」という(7)を否定する議論の一つとして、それを理解することは可能である。しかし、そのような議論として彼の証明を見たとき問題がある。

「私は培養槽の中の脳である」という文は自己論駁的である（それが真であるという想定はそれが偽であることを含意する）ことを示そうとするパトナムの証明は、語の指示が成立するための必要条件は語と指示対象との間に因果関係があることである（両者の間に因果関係がない場合、指示は成立しない）、という前提（指示の因果説（*causal theory of reference*））に基づいている。証明のポイントは、培養槽の中の脳は自分自身を指示できない（「培養槽の中の脳」により彼が指示するのは、特定のコンピュータ・プログラムもしくはそれがもたらすイメージであり、培養槽の中の脳そのものではない）、という指摘にある。われわれが生まれながらに培養槽の中の脳である場合、たしかにこのことは言えそうである。しかし、長い間通常の経験をしていて昨夜急に、邪悪な科学者たちによって培養槽の中の脳にされたという場合、そうは言えないように思える（私――培養槽の中の脳――と「培養槽」や「脳」との間にはつい最近まで因果関係があったのだから、私は培養槽の中の脳を正しく指示できそうである）。パトナムの証明が「私が培養槽の中の脳でないことを私は知らない」を否定する議論として意味をもつためには、われわれは生まれながらに培養槽の中の脳である、という設定が必要であることになる。しかし、懐疑論的論証には、培養槽の中の脳のタイプについて、何の制約もない。私が培養槽の中の脳であって、実際の私と完全に同じ経験をもっていさえすればよい。したがって、われわれが生まれながらに培養槽の中の脳である場合パトナムの議論が有効でありえたと

しても、それ以外の場合懐疑論は無傷のまま残る。(3)

3　ドレツキ、ノージックの回避戦略

上のパズルについて近年注目を集めてきたのはドレツキ（Dretske, 1970）やノージック（Nozick, 1981）の診断である。それによれば、(7)ではなく、「もし私が培養槽の中の脳ではないことを知らないならば、手があることを私は知らない」という条件文で表現されるいま一つの前提(8)、もっと言えば(8)を支える(3)に問題があるという。

(3)は、知識の論理的帰結は、その帰結関係が知られている場合、すべて知識であることを保証するもので、「閉包原理」（*closure principle*）と呼ばれる。知られている事柄（知識）にはいろいろな論理的帰結があり、それらがすべて知られているとは言えないかもしれないが、当の知識の論理的帰結であると確認されたものについては知識であるとしてよい、とそれは言っている。ゲーム理論の知識分析では、しばしば知識の全論理的帰結が知識であると仮定される（論理的全知（*logical omniscience*）の要請）。これと比べるとかなり控えめな要請である。ゲチアの反例を提示する議論において、ゲチアが仮定したのも、（信念の正当化に関する）閉包原理である（「pに対する信念が正当化されていれば、（論理的演繹を実行したという条件下で）その任意の論理的帰結qに対する信念も正当化されている」）。無知からの論証（ＡＩ）にあっ

て閉包原理は、「私は培養槽の中の脳ではないことを知らない」という無知を「私に手があることを私は知らない」という無知に移す機能を果たしている。この移転原理を否定することにより、「手があることを私は知らない」という懐疑論者の結論に抵抗するというのが、ドレツキやノージックの戦略である。

ノージックたちの閉包原理批判には、それを支持する議論がある一方（たとえば、Heller, 1999）、無視できない異論がいくつかある。

ノージックは、「個人Sは命題pを知っている」という文の正しい分析と彼が考えるものを提案した上で、「知る」をその意味で解釈した閉包原理には反例があることを述べている。[4] このタイプの議論が説得力をもつためには、当然のことながら、基礎に置いた知識分析が正しいものでなければならない。しかし、（第1章で見たように）反事実条件を用いた彼の知識分析には反例がないわけではない。[5]

また、彼の知識分析が正しければ、「私には手があることを私は知っている。しかし、私が手のない培養槽の中の脳ではないことを私は知らない」ことを受け入れる必要があるが、これはいかにも「受け入れにくい連言」（*abominable conjunction*）である、という批判もある（DeRose, 1995, p. 489）。「私には手がある」ことを知っているにもかかわらず、「私は手のない培養槽の中の脳ではない」ことを知らないことになるからである。

もっと積極的に、適切な解釈のもとで閉包原理は正しい、という指摘もある。次の議論を考えよう。

(a)　Pigs fly.（豚は空を飛ぶ）

(b)　What I just said had fewer than three syllables.（すぐ上で述べたことは三個以下のシラブルから成る）

よって

(c)　What I just said had fewer than four syllables.（すぐ上で述べたことは四個以下のシラブルから成る）

(c)を偽な命題として読む（「すぐ上で述べたこと」（what I just said）が(b)を指すというのは不自然な読み方ではない）。そのような読み方があることは、「三個以下」は「四個以下」を含意することへの反例となるであろうか。そうではあるまい。それは、「すぐ上で述べたこと」の指示対象が(b)と(c)とで変わったことを意味するだけである。この例が示すように、論理的含意関係は固定された文脈のもとで正しく、途中で文脈が変われば、そうとは言えない。

同様のことは、閉包原理についても言える。私は手があることを知っていることは日常的文脈で真である。そこでは、私は培養槽の中の脳であるかもしれないという可能性は無視してよい。培養槽の中の脳という語の登場とともに文脈が変わる。培養槽の中の脳ではないことを知っていることは、その文脈で偽。そこでは培養槽の中の脳である可能性が語られており、その可能性は無視できないからである。しかし、このことは閉包原理が偽であることを示すわけではない。それは含意関係の場合と同じである。結論の正しさを最初の前提が発話された文脈で評価するなら、正しさは保存される――このように指摘するのはルイス（Lewis, 1996, p. 513）である。

閉包原理の単純性、直観的説得力と比べたとき、ノージックの知識分析の方が説得的であるとはにわかには言えない。一般に、別の難問――「私が命題pを知っているとは何か」はゲチア以来の難問である――の「正解」を前提に、他の難問の解決を試みるのは危険である。

閉包原理に対するドレツキやノージックの攻撃は成功しているとは言えないものの、かれらの回避戦略――懐疑論者の結論の否定を直接論証するのではなく、懐疑論的論証が成功していないことを示すことを通して、懐疑論的結論に抵抗しようとする戦略――は間違っていない、と私は考える。無知からの論証への応答として、回避戦略に立つ議論で、

A　閉包原理が偽であることを前提することなく

しかも、

B　特定の知識概念を前提しない分析が望ましいと思われる。[6]次に、そのような分析を提案する。

4　閉包原理の真偽に関わらず懐疑論的結論を回避できる

私の主張は次である。

閉包原理が真であろうとなかろうとわれわれは懐疑論者の結論から逃れることができる、換言すれば、懐疑論に抵抗するために閉包原理の真偽を決定する必要はない。

閉包原理は真でないか真であるかのいずれかである。閉包原理が真でない場合、ドレツキやノージックの指摘の通り、われわれは懐疑論の結論から逃れることができる。閉包原理が真の場合：この場合、われわれは懐疑論的論証(1)-(6)の一部(1)-(4)を利用できる。それをもう一度書いてみよう。

(1)　Kp

(2)　K(p→q)

ところで

(3)　(x)(y)((Kx & K(x→y))→Ky)　(閉包原理)

よって

(4)　Kq

この論証において、閉包原理は、AIにおいて無知を他の無知に移すのと同様に、Kpという知識をKqという他の知識へと移す機能を果たしている。これを「知からの論証」(AK)と呼ぼう。いま考えている場合、閉包原理(3)は真である。したがって、われわれは(1)の正しさに注意を集中することができる(「私には手があること」が「私は(手のない)BIVではない」ことを含意することを知っていることを要請する(2)は問題なかろう。もし知らなければ、教えればよい)。(1)は真(あるいは主張可能)であろうか。

(1)、すなわち「私には手があることを私は知っている」が真(あるいは主張可能)であるか否かは、「知る」の定義による。ゲチア以来、「私はpであることを知っている」という文の分析は数多くある。それらの目標は、一つにはゲチアが指摘した反例を回避することであり、一つには「知る」という言葉の標準的用法を正しく捕らえることである。そのような知識の分析に対して次を要請することは自然であると思われる。

（H）　知識の分析は少なくとも「私には手があることを私は知っている」という文を真（あるいは主張可能）としなければならない。

（H）は知識の分析に対する最低の要請であり、それを満たさない分析が受け入れられることはない、と思われる[7]。

（H）の下、(1)はもちろん真（あるいは主張可能）。したがって、同じ条件のもと(4)も真（あるいは主張可能）。これはAIにおける(7)が偽である（あるいは主張可能ではない）ことを意味する。したがって、この場合もAIを拒否することができる。

閉包原理が真、偽いずれの場合も懐疑論的結論を受け入れる必要はないのだから、一般に懐疑論的論証の結論を受け入れる必要はない。

5　上の議論が示すこと、示さないこと

上の議論が示すこと、示さないことを明確にしておこう。

閉包原理が真ではない場合、懐疑論的結論が導かれないのは明らかであるから、上の議論の実質は「たとえ閉包原理が真であったとしても、回避戦略は有効である」という点にある。ド

レッキやノージックは、閉包原理が偽であることを示すことにより、懐疑論的結論を回避しようとしたが、その議論が成功しておらず閉包原理が真の場合でも、知識の分析に対する自然な要請のもとで懐疑論的結論を回避することができる、したがって懐疑論を否定するために閉包原理を拒否する必要は必ずしもないことをそれは言っている。

言い方を換えれば次のようにもなる。閉包原理が真の場合には、無知からの論証が置く二つの前提のうち(8)ではなく「私がＢＩＶではないことを私は知らない」という前提(7)を拒否する道がある、すなわち、閉包原理が真の場合には、それと両立する広範囲な知識概念（(Ｈ)を満たす知識概念）のもとで「私がＢＩＶではないことを私は知っている」と言える（したがって懐疑論の結論を回避できる）——このことをそれは言っている。

無条件で「私がＢＩＶではないことを私は知っている」が成り立つ、と上の議論が言っているわけではない。それが示すのは、（繰り返しになるが）**もし閉包原理が真ならば、それと両立する広範囲な知識概念のもと**「私がＢＩＶではないことを私は知っている」と言える、ということでそれ以上ではない。

閉包原理は認識論者（非懐疑論者）たちにとって分析の一つの道具であった（上で述べたように、ゲチアは「ゲチアの反例」を構成するためにそれを使っていた）。後に、懐疑論者が彼らに反対するためにそれを使った。閉包原理は認識論者と懐疑論者の双方に用いられていることになる。閉包原理が真であるという場合、「私がＢＩＶではないことを私は知っている」ことを示すため、認識論者による閉包原理のオリジナルな用法（(1)から(4)に至る論証）を私は使った。

「信念が知識であるためには、問題になっている状況において、すべての論理的代替可能性ではなく、関連する代替可能性を排除できさえすればよい」という考え方を「関連選択肢の原則」（*relevant alternatives principle*）という。これを受け入れる人々の一部が、閉包原理の難点を認め、その制限版を提案している。「命題ｐに対する任意の関連する代替可能性ｑについて、もしある人がｐを知っていて、かつ、ｐがｑの否定を含意することを知っているならば、彼はｑの否定を知っている」（Roth and Ross, 1990, p. 6）[8]。「私はＢＩＶである」は「私には手がある」の関連する代替可能性ではないとみなせば、たしかにこのような制限により懐疑論の結論を阻止することができる。しかし、懐疑論を論駁するためにそのような譲歩は必ずしも必要ない、と私は考える。

　回避戦略に基づく議論の一つの局面において、無知からの論証の置く前提のうち(7)を否定する点で、私の議論は先に触れたムーア流の応答と重なっている。先に述べたように、ムーア流の応答の問題点とされるのは、それが無知からの論証のもつある種の自然さを無視してしまう点にある。何が無知からの論証を自然なものに見せているのだろうか。

　無知からの論証は次のように読まれるべきであると私は考える：**もし「知る」が(7)、(8)を満たすならば、その「知る」の意味において(9)（「私に手があることを私は知らない」）は正し**

い。「知る」には多様な解釈がありうる、この語の解釈が固定されてはじめて、「知る」を含む文(7)や(8)、(9)は命題となる、と私は考える。この理解では、解釈が固定される前の文は命題ではなく、図式であるにすぎない。

「知る」が(7)、(8)を満たすということは、その知識の概念が（H）を満たさないことを意味する（「私に手があることを私は知っている」が偽（あるいは主張不可能）となる）。それはたとえば、「Sがpであることを知っているのは、Sはpではないようなあらゆる論理的可能性を完全に（疑いなく）排除できる場合およびその場合だけである」といった知識概念である。この場合、「私に手があることを私は知らない」は、自分に手がない論理的可能性を完全には排除できないことを意味する。これはわれわれの直観と矛盾しない、と私は考える。

6 異論と応答

以上の議論に対する可能な異論に答えておこう。

(1) その議論は、もし「私がBIVではないことを私は知らない」のならば「私に手があることを私は知らない」ことを導く議論を否定するために、その対偶である「もし私に手があることを私が知っている」ならば「私がBIVではないことを私は知っている」を対置しているようにみえる。これは奇妙な議論だ。

「もし「私がBIVではないことを私は知らない」のならば「私に手があることを私は知らない」」(A)と「もし「私に手があることを私が知っている」ならば「私がBIVではないことを私は知っている」」(B)は、条件命題としてみればもちろん論理的に同値である。しかし、私はそれら条件命題を問題にしているわけではない。前者Aについては、その前件(7)と(8)を前提としその後件を結論とする論証(無知からの論証)、後者Bについては、その前件と閉包原理とを前提としその後件を結論とする論証(知からの論証)を考察の対象としている。論証の前提を批判することにより懐疑論的結論に抵抗するという方針のもとで、前の論証(無知からの論証)について「たとえ(8)を拒否できないとしても(7)を拒否する自然な道がある」、後の論証(知からの論証)こそがその道である、と述べている。

(2) 結局、「私に手があることを私は知っている」のだから、それを否定する結論が出てくる議論はおかしい、と言っているだけではないか。

「「私に手があることを私は知っている」のだから、それを否定する結論が出てくる議論はおかしい」というのは、ムーア流の応答である。先に述べたように、私の議論はムーア流の応答と部分的に重なるものの、完全に同じというわけではない。私の議論においては、「私に手があることを私は知っている」は、自明なものとして仮定されているわけではない。「知識の分析は少なくとも「私には手があることを私は知っている」という文を真（あるいは主張可能）としなければならない」という要請（H）が置かれているだけである。

(3)「私には手があることを私は知らない」ことを主張する懐疑論に、知識の分析は「私には手があることを私は知らない」を偽としなくてはいけないという要請（H）で答えるのは、みもふたもないのではないか。

これには次のように答えたい。私が考察の対象としている懐疑論は、単に「私には手があることを私は知らない」と言い立てているわけではなく、そのように主張する根拠を提示している。無知からの論証がそれである。(7)と(8)とから「私には手があることを私は知らない」(9)が導かれることが指摘されている。私は懐疑論者の提示している根拠の妥当性を問題にしている。私の議論は、「閉包原理が真である場合、(7)は真（あるいは主張可能）であるとは言えない。なぜなら「知る」についての最低限の要求（H）と閉包原理とからその否定が導かれるから。だから「私には手があることを私は知らない」と主張する懐疑論は少なくとも立証されていない。懐疑論者が申し立てる一見もっともらしい根拠を考慮に入れたとしても、その主張を受け入れることを要請（H）の範囲で拒否できる」と述べている。

註

（1）この記号化はGarrett（1999）によっている。

（2）ここでは、p＝「私には手がある」について、それを知らない（¬Kp）という結論が導かれている。q＝「私はBIVではない」を含意する任意のpについて（たとえばp＝「私には足がある」）、それを知らない、という同様の結論がえられることに注意。無知からの論証は第3章で「懐疑論的論証」（*skeptical argument*）と呼んだものと同じものである。

懐疑論的論証（ここではごく一般的な意味でこの語を使う）にはいくつかの翻案がある。オリジナルの一つはアンガーによる次の論証である（Unger, 1975, pp. 42-43）。

（1）もし誰かがある事柄を知っているならば、その事柄が実際成立することについて絶対的な確信をもつ完全な理由が彼にはある。

（2）いかなる事柄についても絶対的確信をもつ完全な理由など誰も決してもたない。

（3）したがって、誰も何も知らない。

懐疑論的論証には二通りの受け取り方が可能である。一つは、論証の意図を控えめにとって、知識に絶対的確実性かそれに類したものを要求することは「誰も何も知らない」という懐疑論に導く（したがって、知識に絶対的確実性を要求することは誤りである）、とそれは言っているという解釈。いま一つは、知識に対する自然な要請から懐疑論が導かれる（したがって、懐疑論は正しい）、と受け取る解釈である。ここでは、後者の解釈をとっている。なお、Unger（1974, pp.42-43）もそうであるが、Sosa and Kim（2000）収録論文については、頁数はその中のものである。

（3）DeRose, 1995, p. 498, Note 1 参照。なお、パトナムの証明は次のようなものである。

「私は培養槽の中の脳である」は真であるとしよう。すると、私は培養槽の中の脳である。私＝培養槽の中の脳は「培養槽の中の脳」という語により培養槽の中の脳を指示できない。それは特定のコンピュータ・プログラムもしくはそれがもたらすイメージである（語の指示が成立するためには、語と指示対象との間に因果関係があることが必要である）。すると、「私は培養槽の中の脳である」は偽。矛盾。したがって、「私は培養槽の中の脳である」は偽、すなわち、私は培養槽の中の脳ではない。

（4）（第1章で見たように）ノージックによれば、pに対する（個人Sの）真な信念が知識となるのは、それが次の二つの条件(1)、(2)を満たす場合およびその場合のみである。

(1) もしかりにpが真でなかったとしたら、Sはpと信じなかっただろう。

(2) もしかりに、現実と少しだけ事情が変わっているにもかかわらず依然としてpが真であるような状況におかれたとしても、Sはpと信じるだろう。

この定義のもと、「手があることを私は知っている」は真、しかし、「私は培養槽の中の脳ではないことを知っている」は偽（(1)が成立しない。私が培養槽の中の脳であったとしても、私は培養槽の中の脳ではないと信じるだろうからである）。閉包原理は、「手があることを私は知っている」が真である場合、

「私は培養槽の中の脳ではないことを知っている」ことも真であることを要求するから、その定義のもと「培養槽の中の脳」のストーリーそのものが閉包原理の反例となっていることになる。

(5)次のような反例もある。

(花瓶) 箱に入った花瓶があり、それが自分自身の立体映像(ホログラム)と自分自身を、一定の時間をおいて交互に見せる(ただし、立体映像は花瓶がレバーを押している間だけあらわれる)機械であったとしよう。箱の中の花瓶の立体映像を見て、ある人が「箱の中に花瓶がある」と信じたとする。このとき、ノージックの条件のうち(1)と(2)は満たされている。花瓶がなかったとすれば、レバーを押すこともなかったろうから、立体映像はあらわれず、花瓶があるとは信じなかったろう。したがって、(3)も満たされている。花瓶があったら、レバーが押されて立体映像があらわれ、それを見て、花瓶があると信じただろう。よって、(4)も満たされている。したがって、(1)から(4)までがすべて満たされているから、彼は花瓶が箱の中にあることを知っている。しかし、直観的に見て、彼はそれを知らない(彼が見ているのは本物の「箱の中の花瓶」ではなく、そのホログラムである)(Nozick, 1981, p. 190, Forbes, 1984, p. 45)。

(6)本書では、第2章で特定の知識の概念——弱阻却不可能性分析を擁護した。本章では、その正しさを前提しない分析を追及する。

(7)第2章で擁護した弱阻却可能性分析は、「私は手があることを知っている」を真とするだろうか。通常仮定される通り、「手がある」は真、私はそれを信じている、それに対する証拠もある。問題はその証拠の与える正当化が阻却不能かどうかである。つまり、私がもつ正当化を覆す真な命題は存在しないか。

論理的には存在しないとは言い切れない。しかし、われわれが真として受け入れている知識文のクラスを考慮すれば、その正当化はそれらの知識文がもつ正当化と少なく見積もっても同等、つまり阻却不能と判断できる。よって、「私は手があることを知っている」は真。

（8）関連選択肢の原則を受け入れるスタイン（Stine, 1976）やルイス（Lewis, 1996）は、関連選択肢の原則と閉包原理は矛盾しない、という立場をとっている。

第9章　帰納の正当性に対するヒュームの懐疑

鶏は毎朝鐘がなると餌をもらえると信じていたが、ある朝くびを絞められた。われわれが彼らとは違うという合理的な理由はあるだろうか。[1] 鶏は多分、これまで毎朝鐘がなるといつも餌をもらえたから、今朝も同じように餌をもらえるだろう、と信じたのだろう。これまで正しかったことはおおよそこれからも正しいだろう、という型の推理あるいは評価法を帰納（*induction*）という。鶏は帰納を使って今朝も餌にありつける、と信じたことになる。それでは、帰納は正当化されるだろうか。正当化されない。鶏のもっているのは合理的な信念ではなく、単なる習慣ないし本能である。われわれも帰納により信念を形成するから、鶏とわれわれの置かれた立場は同じである。

そんなことはない、われわれは鶏とは違う、論理的に言えば一寸先は闇だなどということはない、と言いたくなる。しかし、それをどのように言うか。簡単に言えば、これが「**帰納の問**

題」（*the problem of induction*）である。哲学史上名高い論証の結論として帰納は正当化されないと主張したのは、デイヴィッド・ヒュームである。ふつう考えられているように知識が正当化された真な信念であるとすれば、そして正当化の本質的な手段である帰納が合理性をもたないとすれば、世界についてのわれわれの知識のほとんどが知識の資格を失う。懐疑論の中には、知識に絶対確実性を要求し、われわれの信念がそれを達成できないことから、知識の不可能性を結論するものがある。このタイプの懐疑論は、絶対確実性の要求を断念し、知識は誤りうるものである、という間違い主義（*fallibilism*）を選択することによりかわせる。そのような「ラッセル流退却」（*Russellian retreat*）によっても消滅しない懐疑論は「**ラジカルな懐疑論**」（*radical skepticism*）と呼ばれる。正当化の可能性そのものを疑うヒュームの懐疑論はラジカルな懐疑論の代表例である。

帰納を正当化することを通してわれわれの信念の合理性を示そうという試みは多い。[2] しかし、これまでのところ、それに成功したと認められているものはない。本章で試みるのは、回避主義の観点からの問題の解決である。「帰納の正当性を否定する懐疑は成功していない。したがって、懐疑論者が要求する帰納の正当化は必ずしも必要とされない」という命題を主張する。

1 ストローソンの偽問題説

この主張の結論の部分は、よく知られたストローソン（Strawson, 1952）の古典的議論に似ている。

帰納の正当化の試みに対し彼が主張したのは、要約すれば、

（1）帰納を正当化しようとする議論は帰納を演繹に変えようという話で、それは馬鹿げている。

（2）帰納の正当化をその合理性の論証と解釈しようとしても無駄である。合理性は帰納の使用により定義されるのである。

の二点である。ストローソンによれば、帰納の問題は不可能を要求する問題、偽問題（*pseudo problem*）である。

しかし、この指摘により問題が「解消」という意味で解決されたことになるか。ストローソン自身、

しかしながら、帰納を一般的に正当化しようという要求が馬鹿げたものであることをこのようなやり方で示したとしても、それのもとになっている不安を鎮めるにはときとして不十分に思われる。（*ibid.*, p. 258）

と述べている。問題を引き起こした「不安」に遡り、それを鎮める別の議論が必要であるように思える。以下試みるのはそのような議論である。

2 ヒュームの論証とそのコア

あらためて述べれば、帰納の問題はヒューム（『人生論』（1739）、『人間地性研究』（1748））による次のような懐疑論的論証に遡る。

感覚に直接与えられたものとその記憶とを超えた事実に関するわれわれの信念は、論理的真理ではない（原因と結果の間に必然的関係などない）。およそそれらが正当化されうるとしたら、それは帰納的推論によってである。しかし、帰納的推論に対する正当化の過程は、循環をおかさずにはもはや正当化されえない仮定で終わらざるをえない。循環をおかさずにそれ以上正当化されえない仮定とは、ヒュームの表現では、「これまで経験したことのない事例は経験済みの事例と似ているにちがいない、そして、自然の過程はつねに一様である」。これは論理的真理ではない。したがって、確実ではない。また、確からしいとも言えない（なぜなら、確からしさの判断自身この仮定に依存する）。事実に関するわれわれの信念は、それらが基礎に置く推論は形式的には妥当ではなく、しかも、それらが導く結論は循環をおかさずには確からしいとさえ言えないのだから、いかなる正当化ももたないことをわれわれは認めなければならない（詳しくは、巻末補遺Ｉ「ヒュームの懐疑論的論証」参照）。

この議論のコアをなす命題は（そして懐疑論者たちが自分たちの不安（*skeptical worries*）の源とみなす命題は）、ワイントラーブ（Weintraub, 1995, 1997）も強調しているように、

(3) 感覚所与とその記憶を超えた事実に関する任意の信念について、その正当化の議論は無限遡行か、それ自身正当化されない信念で終わる。

であろう。そして、次に「それ（感覚所与とその記憶を超えた事実に関する信念）は、（無限遡行、それ自身正当化されない信念で終わる）いずれの場合も正当化されない」と結論し、そこから「それは正当化されない」と結論する。

ワイントラーブによれば、この議論はヒュームの独創ではなく、古代の懐疑論者セクスト・エンペイリコスにすでにあった。彼女は、このタイプの議論は帰納のみならず演繹に対してもまったく同様に適用されることを指摘し、一般的に解釈されたここでの問題を、セクスト

スの「基準の問題」(*the problem of criterion*) と呼んでいる。彼女の解釈では、ヒュームは、一般的な基準の問題を帰納の正当化に適用したにすぎない。

古代の哲学史家ディオゲネス・ラエルティオスは、問題の議論はアグリッパ(Agrippa)に遡る、としている(セクストス自身もこの議論を「比較的新しい時代の懐疑派」によるものとしているが、この「比較的新しい時代の懐疑派」にアグリッパが含まれるとされる。『ピュロン主義哲学の概要』七八-七九頁、および訳者註・解説、四五二頁参照)。ヒュームの論証は「アグリッパのトリレンマ」(*Agrippa's trilemma*) を経験的信念(帰納)に適用したもの、と言ったほうがより正確であろう。私としてはワイントラーブの指摘に異論はない[3]。しかし、近現代哲学に現実に大きな影響を与えたのは、帰納に対するヒュームの論証である。歴史的影響の観点からは、ここでの問題をカントにならって「ヒュームの問題」と呼びつづけてさしつかえあるまい。

3 帰納の問題

アグリッパは、任意の信念の正当化は、無限遡行か、独断的仮定で終わるか、循環するか、のいずれかであり、どの場合をとっても正当化は成立しない、と指摘していた。ヒュームは循環論証を否定していたから表面にはでてこないが、アグリッパに敬意を払って、(3)を、次のように表現し直したとしても、論点を明確にすることはあっても、議論全体を傷つけるということはないだろう。

(3⁺) 感覚所与とその記憶を超えた事実に関する任意の信念について、その正当化の議論は、無限遡行か、それ自身正当化されない信念で終わるか、もしくは、循環する。

先の議論を繰り返せば、次に「感覚所与とその記憶を超えた事実に関する信念は、いずれの場合も正当化されない」と議論し、そこから「それは正当化されない」と結論する――これがヒュームの論証の骨格であることになる。

ひとたびこの議論を受け入れると、待っているのは、感覚所与とその記憶というごく狭い信念領域を越えた経験的信念全体への懐疑論である。これは経験主義に対する重大な挑戦である。そこから、狭い信念領域を超える道具としての帰納的推論（あるいは、その基礎とされる自然斉一性原理）を正当化することで、この懐疑論を打破しようという哲学的課題が成立した。これが「帰納の問題」（*the problem of induction or the Humean problem of induction*）である。

この問題の解決が困難であることは容易に推測できる。帰納的推論を正当化するために帰納的推論は使えない。論点先取となるからである。そこで求められているのは、いかなる帰納的仮定も使用しない帰納的推論の正当化、すなわち「帰納の一般的正当化」である。これが困難であることは、これまでの様々な帰納の正当化の失敗を見ればあきらかである。懐疑的結論を導く論証そのものを受け入れない道を選んだほうがよさそうである。

4　正当化基準

あらためて、ヒュームの論証のコアに注目しよう。

(3⁺)から「感覚所与とその記憶を越えた事実に関する信念は正当化されない」を導く議論の最後の推論は、論理学で言う「トリレンマ」であり、妥当である。論理的には何ら問題ない。問題は、その直前の推論である。

(4)　感覚所与とその記憶を越えた事実に関する信念（以下、簡単に「信念」）の正当化のプロセスが無限遡行に陥った場合、それは正当化されない。

(5)　信念の正当化のプロセスがそれ自身正当化されない信念で終わった場合、それは正当化されない。

(6)　信念の正当化のプロセスが循環した場合、それは正当化されない。

トリレンマによる結論を否定するためには、その前提である(4)か(5)、(6)のいずれかを否定すればよい。正当化の過程を最終的に停止させる信念が存在すると想定される(5)の場合を考えよう(論証からみて、ヒュームは、無限遡行と循環のケースである(4)と(6)はあきらか、それらの場合正当化は成立しない、正当化がありうるとすれば、それは(5)の場合だ、と考えていたようだ)。

さて、(5)は何を言っているのだろう。「それ自身正当化されない」とは何だろうか。一つの解釈は次であろう。

(5⁺) 任意の信念について、その正当化のプロセスがそれ自身いかなる正当化も存在しない信念で終わった場合、それは正当化されない。

正当化の過程を最終的に停止させる信念を「基礎信念」と呼ぶとすれば、(5⁺)は次のように表現される。

(5⁺⁺) 任意の信念について、それを正当化する基礎信念がいかなる正当化も受けない場合、それは正当化されない。

あきらかに、このままでは強すぎる。適当に正当化を定義することによって、簡単に結論はブロックされる（たとえば、ライト風に基礎信念は科学研究の前提となることをもって正当であると定義すればよい（第7章参照）。基礎信念はこの定義の意味で正当だから、(5⁺⁺)の下では、任意の信念は正当化されない、という結論は導かれない、と議論できる）。

ヒュームにとって、自然の斉一性に対する信念が基礎信念である。ヒュームは、自然の斉一性に対する信念は演繹的妥当化（*validation*）という意味での正当化（真であることの演繹的証明）も受けないし、また帰納による支持という正当化も受けない、そしてありうる正当化はこの二つに限る、と考えていたようである。念のため、基礎信念がそれ自身で正当化される（自明である）可能性を考慮に入れれば、次が(5)のヒューム的表現であることになる。

(5⁺⁺⁺) 任意の信念について、それを正当化する基礎信念（自然斉一性原理）がそれ自身では正当化されず、かつまた、演繹的妥当化も受けず、さらに、帰納による正当化も受けない場合、それは正当化されない。

ここで、帰納による正当化とは自然斉一性原理に基づく正当化である。多分これがヒューム懐疑論に最も好意的な表現だろう。(5)をこの定式化により理解することにしよう。

5　基準の採用の自由度

自然斉一性原理は、ヒュームの表現では、「これまで経験したことのない事例は経験済みの事例と似ているにちがいない、そして、自然の過程はつねに一様である」というものである。これはそれ自身では正当化されない（自明ではない）ことは認めざるをえない。ヒュームが指摘するように、未来が過去と別の構造をもつと仮定しても論理的には何の問題も発生しない。演繹的妥当化を受けないことも認めざるをえない。すると、任意の信念は正当化されない、という結論を避けるためには、自然斉一性原理は帰納による正当化を受けないことを否定するしか道は残っていないことになる。

(5^{+++})のように、「帰納的正当化」を「自然斉一性原理を基礎に置いた正当化」と定義するならば（これを（帰納的正当化の）「定義1」と呼ぼう）、自然斉一性原理の帰納的正当化はあきらかな循環論証であり、正当化とは認められないだろう（したがって、自然斉一性原理は帰納による正当化を受けないことを認めざるをえないことになる）。しかし、帰納的正当化をそのように定義するのは適切だろうか。

仮説から観察言明が演繹されて、それが観察により確認されたとき、仮説は当の観察により「確証された（裏付けられた）」と言うことにしよう。確証されることを帰納的正当化と定義しよう(これを(帰納的正当化の)「定義2」と呼ぶ)[4]。定義2のもと、自然斉一性原理が帰納的正当化をうけることは、それ自身循環ではない。確証の定義に自然斉一性原理が含まれていないからである。確証の定義そのものの正当性をどうするのだ、結局自然斉一性原理により正当化されるのではないか、もしそうであるならば、やはり循環している、と懐疑論者は議論するだろう。たしかに確証の定義を自然斉一性原理により正当化する(つまり、「この帰納的正当化の定義はこれまで有効だった、だからこれからも有効だろう」という主張を自然斉一性原理によって保証する)ならば、循環論証である。しかし、そのような正当化は不可欠というわけではない。また、確証基準(確証の定義)が自然斉一性原理による正当化を受けないことは、その基準がさまざまな経験によりテストされ、それらによる調節を受けることと矛盾しない。

結局、帰納的正当化の定義(基準)として定義1と定義2のどちらを選択すべきか、という問題になる。定義1はそれだけを見れば、一定の直観的説得力があることは認められるかもしれない。しかし、定義や基準の直観的説得力には注意が必要である。カントールの集合論に(簡単に言えば)「いかなる性質にも、それを満たすもの全体から成る集合」が存在するという「包括性公理」(*the comprehension axiom*)がある。それ自身自然のようにみえたが、それが矛盾を導くことをラッセルが指摘した(ラッセルの逆理)。定義や基準を評価するとき、それ自身の見かけ上の説得力は必ずしもあてにならないことのよい例である。定義1についても、その論理的帰結をみるのが重要である。定義1の論理的帰結は、観察とその記憶を超えたすべての信念に関する全面的懐疑論であり、これはとても自然とは言えない。

定義ないし基準の採用には自由度がある。それが導く破壊的な結論から見て、きわめて強い説得力が定義1には求められるが、そのような説得力は見あたらない。少なくとも懐疑論的な定義1を採用しなければならないという必然性はない。ヒュームの議論が論証しえているのは、高々「定義1あるいはそれを含む(5+++)という正当化の基準を採用した場合、われわれは懐疑論の結論に導かれる」ということでしかない。

ヒュームの議論は懐疑論を論証するのに成功しているわけではない。したがって、帰納法を一般的に正当化することにより懐疑論を否定する義務はそもそも発生していない。

6 帰納の一般的正当化は必要ではない

そもそも問題自身が発生していないのだから、問題の解決は必要ない。問題の解決は必要ない、という結論はストローソンのそれと同じである。しかし、問題が生まれる原因となった「不安」に遡り、それにこたえることで、問題を取り除こうとした点が異なる。ヒュームの論証の一部に難を見て、その結論を否定する、というのは一般的には容易な道である。これには懐疑論者から、それを除いても同様の論証をつくれる、という反論がかえってくるであろう。ここでは、ヒュームの議論のコアの部分を否定することで、結論を否定するという方法をとった（ヒュームの議論のコアの部分とはもちろん、命題(3⁺)から感覚所与とその記憶を超えた事実に関する信念は正当化されないと結論する第3節の議論をさす）。このコアを除いた場合、懐疑論的論証は構成できまい[(5)]。

懐疑論者が要求するような帰納の一般的正当化は必要ではない。それを試みることは馬鹿げたこととは思わないが、それを要求する（受け入れざるをえない）論点はヒュームの議論のなかにはない。そして、帰納の一般的正当化を要求する有力な議論は（私の知る限り）ヒュームのそれだけである[(6)]。

以上の議論によって（望むらくは）はっきりしたのは、帰納がそれに対する主要な疑いから自由になったことだけである。帰納が正当ないし健全な論法であることが示されたわけではない。しかし、帰納にはそれ自身にとって有利な実践の事実がある。状況に応じて適切に設計された帰納は多くの場合有効であり続けてきた。われわれの生活そのものがいろいろなタイプの帰納の健全性を受け入れることで成り立っている。問題状況に応じてさまざまな帰納が存在し、それらの定義やさまざまな正当化は、統計学や決定理論で行われてきた。あるいはまた、実験科学の場合どのような帰納が正当で、どのようなものがそうでないかは研究者共同体が判断基準を作り上げてきた。それらはそれぞれの帰納に対し必要な正当化を与えている、と思う。

7　なぜ帰納懐疑論に惹かれるのか

ヒュームの懐疑論に何か受け入れなければならない論点はないのだろうか。直接観察されたものとその記憶を超えたいかなる信念も正当化されない、という結論をブロックするために、上の議論が何の代償も払わなかったわけではない。少なくとも懐疑論論駁の文脈では、確証は他のより説得力ある原理（自然斉一性原理）により支持されるとみなすことはできないことを私は認めた。「確証されることをもって帰納的正当化と考える」権利は否定されない。しかし、懐疑論論駁の文脈では、そのこと自身が自然斉一性原理により保証される、と考えることはできない。そう考えるや否や懐疑論の餌食となり、全面的懐疑論に陥る。

懐疑論ではなく、その一歩手前にとどまろうとするならば、われわれが得ている確証はあくまで過去におけるそれである、という点は受け入れなくてはならない。しかし、未来をわれわれは見ているわけではないから、これは、それほど大きな譲歩ではないと思う。われわれはときに未来を見ているかのように考えているが、それは思いこみにすぎない、というのはその通りであろう。

先に述べたように、マイケル・ウィリアムズが「懐疑論的議論に対し、それは受け入れられないと言っただけでは不十分である。どこが間違っているのか、にもかかわらずどうしてそう誘惑的なのかを知りたいのだ」と述べている。回避主義の観点からは、どこが間違っているかの指摘が重要で、どうして誘惑的なのかの説明は必ずしも要求されない。しかし、それが興味ある問題であることは認める。

帰納懐疑論（帰納は正当化されない、という結論をこう呼ぼう）はなぜ魅力的なのだろうか。われわれはなぜそれに導かれるのだろうか。主な理由は二つあると思う。

(1) 帰納懐疑論に導く原理（「帰納的正当化の定義（基準）1」）自身に強い直観的説得力がある。しかし、それは帰結との比較が考慮されない限りにおいてそうである。原理の評価について帰結に関する考量を無視してよいという理由はない。

(2) それを導く議論のなかに正しい主張が含まれる。われわれが手にする保証（確証）はすべて「過去の保証」であるという主張である。正しい主張に惹かれて、すぐ隣の極端な主張（懐疑論）に導かれる。

註

（1）鶏の例はラッセル（1996）による。

（2）比較的最近でも、Watkins（1987）、Mellor（1988）、Pargetter and Bigelow（1997）、Bonjour（1998）、Wright（2004）などがある。

（3）アグリッパのトリレンマは、「アグリッパの五つの論法」（*the five modes of Agrippa*）と呼ばれる以下のような議論の一部である。

主張したいのは、「われわれが何かを知ることができる、というのは幻想である」というテーゼである。アグリッパは、五つの理由を挙げる。

1　どんなことについても人は違った意見をもちうる（不一致（*discrepancy*））。

2　どんな主張も「あなたの考えでは」という留保がつく（相対性（*relativity*））。

これらを認めても、ある考えが他よりよく支持される、ということがありうる。しかし、もし誰かが単なる個人的意見以上のものとしてある主張をした場合、なぜそうなのかを述べる必要がある。たとえば、私がある主張をしたと仮定する。君は単に真であると仮定しているにすぎないのか、それとも真であると知っているのか、と尋ねる権利が君にはある。もし私が知っていると答えたならば、どうやって知ったのかと尋ねる権利が君にある。私は何かを証拠としてあげることになる。この場合、同じ質問を君は繰り返せる。以下同様。

もちろん、正当化を与える（証拠をあげる）過程はどこかで停止する。しかし、どうやって？　道は三つある。

3　たえず新しいことを言い続ける（無限遡行（*infinity*））。

4　どこかで止まり、それ以上の答えを拒否する（独断的仮定を置く（*assumption*））。

5　どこかで以前言ったことを繰り返す（循環論証を行う（*circularity*））。

どの道もわれわれが必要とするものを与えない。

3　正当化の無限系列を事前にえていなければ、いかなる主張も正当化されない。しかし、正当化の無限系列を事前にえることは不可能。

4　はじめの主張の正当化として出された言明も正当化されていなくてはならない。しかし、正当化を単なる仮定により基礎づけることはできない。

5　言明が自分自身を支持できるか？　できるとするのは、同じ言明を支持が必要なものとして扱うと同時にすでに支持されたものとして扱うことである。

結論：正当化は完全な幻想。ある考えが他よりよく支持される、ということはない。したがって、われわれが何かを知ることができる、というのは幻想である。

一連の議論のうち、3、4、5がアグリッパのトリレンマである。主張の正当化は、無限遡行か、独断的仮定で終わるか、循環するか、のいずれかであり、どの場合をとっても正当化は成立しない、とそれは言う。

ウィリアムズ（Williams, 2001）によれば、アグリッパのトリレンマは、古代の「基準の問題」（*the problem of the criterion*）――この場合、知識と単なる意見を区別する基準を定める問題――の心臓部にある問題である。なぜなら、Ｋ＝ＪＴＢ（あることを知るとは、それについて正当化された真な信念をもつこと）としよう。Ｊ（正当化）が存在しないというのだから、Ｋ（知識）は不可能。それだけでなく、単なるＢ（信念）とＪＢ（正当化された信念）の区別もつかない。懐疑論の中には、知識に絶対確実性を要求し、われわれの信念がそれを達成できないことから、知識の不可能性を結論するものがある。（本文で述べたように）このタイプの懐疑論は、絶対確実性の要求を断念し、知識＝誤りうるもの、という間違い主義を選択することによりかわせる。そのようなラッセル流退却によっても消滅しない懐疑論が「ラジカルな懐疑論」である。正当化そのものを疑うアグリッパのトリレンマはラジカルな懐疑論の一つであり、「懐疑論の最も厳格で最も急進的な定式化」であるとされる〈V.Brochard, URL＝〈http://en.wikipedia.org/wiki/Agrippa_the_Sceptic〉（2013.9.27）〉。

なお、アルバート（Albert, 1968）の「ミュンヒハウゼンのトリレンマ」（*Munchhausen-Trilemma*）は、アグリッパのトリレンマと同じものである。底なし沼にはまったミュンヒハウゼン男爵は、自分のブーツの紐をひっぱって脱出した、とほらを吹いた。正当化の底なし沼にはまったわれわれはどうやって脱出できるか、ほらを吹くことなくどうやって脱出策を説明できるか、というのがここでの問題のミュンヒハウゼン風表現である。

エリスのピュロン（紀元前三六五－二七五）から始まる古代懐疑論の集大成者は、後二世紀から三世紀の人と推定されるセクストス・エンペイリコスである。彼の『ピュロン主義哲学の概要』（ここにアグリッパのトリレンマは登場する）について、熊野純彦が『西洋哲学史――古代から中世へ』（一三五頁）において次のように述べている。「一五六二年、『ピュロン主義哲学の概要』はラテン語に訳される。確実に手にして、衝撃を受けたのは、モンテーニュ、デカルト、それにヒュームとカントである」。熊野によれば、数学の公理に対しトリレンマが適用され、その確実性が奪われることに気づいたデカルトが、それに抗うために行ったのが、いったんすべてを――数学の確実性さえも――疑う「方法的懐疑」

である（『西洋哲学史――近代から現代へ』第一章）。この指摘を合わせると、アグリッパのトリレンマは、近代の代表的懐疑論の共通の基礎であったことになる。古代懐疑論の歴史についてはヴェルダン（1982）、『ピュロン主義哲学の概要』訳者解説、古代からから近世・近代にかけての歴史についてはLaursen（2005）、近世の懐疑論史についてはPopkin（2003）参照。これらを読むと、懐疑論が、西欧世界のさまざまな哲学的、神学的、政治的・社会思想的独断論を解体させることに巨大な貢献をしてきたことがわかる。

（4）ネルソン・グッドマンが、帰納の正当化について、演繹の正当化をモデルに、次のように述べている：個々の帰納的推理は一般的な帰納的規則との一致により正当化され、一般的帰納的規則も受容された帰納的推理との一致により正当化される。つまり規則とその適用例は相互調整（*double adjustment*）の結果それぞれ正当化される。ここには悪循環はない（Goodman, 1979, § 2）。私が「定義２」で念頭に置いているのはこのような正当化モデルである。

（5）「ヒュームは懐疑論的結論の論証に成功していない」という本章の主張と同様の主張をオケーシャ（Okasha, 2001）が行っている。しかし、その主張に至る道筋は大きく異なる。ヒュームの懐疑論的論証は「帰納的推論規則が存在する」という仮定に基づいているが、これは誤りでありそのような規則は存在しない、存在しない以上、それらに対する懐疑論的論証は始まりようがない、というのが彼の議論である。「帰納的推論規則は存在しない」という主張に基づく懐疑論的論証の批判は、考えられる批判の中でも最も極端なものであろう。限定された数の標本に関する情報から母集団について推測するさまざまな統計的推測法は帰納的推論規則の例であると私は考える。帰納的推論規則が存在することになると、オケーシャの議論は使えない。

（6）帰納に関するよく知られた問題提起としては、他にヘンペル（Hempel, 1945）の「からすのパラドクス」（*the paradox of the ravens*）やグッドマン（Goodman, 1955）の「帰納の新しい謎」（*the new riddle of induction*）などがある。これらは「健全な帰納をいかに定式化するか」という問題に関するパズルであり、帰納の一般的正当性に疑問を投げかけるヒュームの問題とは異なる。

第10章　懐疑論に対する文脈主義の解決

第8章で、無知からの論証について、そのままでは何も語らない、「知る」が何を意味しているのか決まらない限り具体的な論証ではなく論証図式に過ぎない、と述べた。無知からの論証はそのままでは何も語らないと見る点では文脈主義は私と同じ立場である。文脈主義は文脈が決まらないと知識文は何も語らない、と解釈する。本章では、懐疑論に対する文脈主義の解決について検証する。

文脈主義は今日意味論としての側面が強調されているものの、もともと懐疑論の解決策として提案された立場である。その解決に対してはステファン・シッファー（Schiffer, 1996）のよく知られた批判がある。これに対してデローズ（DeRose, 2006）が反論している。それらを吟味することを通して文脈主義による解決を評価したい。

はじめに、文脈主義の解決に対するシッファーの解釈と批判を述べ、次にそれに対するデローズの応答を見る。

1　懐疑論に対する文脈主義の解決――シッファーによる解釈と批判

知識に関する懐疑論的論証を［ＳＡ］（*skeptical argument*）と書く。これはこれまで「無知からの論証」と呼んできたものである。

［ＳＡ］

(1)　ＢＩＶではないことを私は知らない。

(2)　もしＢＩＶではないことを私が知らないのならば、手があることを私は知らない。

よって

(3)　手があることを私は知らない。

もちろん、ＢＩＶ（*Brain in a Vat*）は「培養槽の中の脳」である。

文脈主義者は［ＳＡ］の説得力を次のように説明する：最初の前提(1)を主張する際、懐疑論者は知識の基準を自分がＢＩＶではないことや手があることを知っていると言えないレベル――「厳しい基準」（*the "Tough" standards*）――まで引き上げる。懐疑論者が［ＳＡ］を提示するとき、それは次の論証［SA–T］をあらわす。

［SA–T］

(1) BIVではないことを厳しい基準において（*relative to Tough*）私は知らない。

(2) もしBIVではないことを厳しい基準において私は知らないのならば、手があることを厳しい基準において私は知らない。

だから

(3) 手があることを厳しい基準において私は知らない。

［SA–T］は論理的に申し分のない論証である。ではなぜそれが完全にパラドキシカルに感じられるのだろう。なぜ、ただ単にその結論を正しいものとして受け入れるということにならないのだろう。

この問題に対して文脈主義者は簡単な解答を用意している。われわれは、［SA］の結論が懐疑論的仮説と関わりのない日常の文脈において偽な命題をあらわすことを本能的に知っている（手があることを私は知っている！）。そして、［SA］の結論が同じ偽な命題を主張していると誤って想定しているからだ。言い方を換えると、［SA］は深いパラドクスを提示しているように思えるが、それは単に［SA］が述べていることをわれわれが知らないからにすぎない。なぜ知らないのか。それは、われわれが「知る」という語の指標詞的性格を正しくとらえていないからだ。

結局、［ＳＡ］に対する文脈主義の解決は、本質的に次のような**誤謬理論**（*error theory*）に依拠している。

ある文脈で知識文を述べる人は、自分が表明している命題を、別の文脈でそれを述べることにより表現する命題と体系的に混同する。

これは到底信じられない主張である。「誤謬理論は全然正しくない。もし知識文が文脈主義者が求める仕方で指標詞的であるならば、話し手は自分が何を言っているか知っているはずである」（Schiffer, 1996, p. 328）。（知っていないということは、「知る」は指標詞的（文脈依存的）ではないことを意味するのではないか。もしそうなら、文脈主義による懐疑論の解決は間違っている。）

2　デローズの応答

以上述べたのは、（最後のかっこ内の一文を除いて）文脈主義による懐疑論の解決に対するシッファーの解釈と批判に対するデローズ自身の要約である。
この議論に対してデローズは次のように応答している。引用しよう（DeRose, 2006, §6）。

シッファーの解釈の中のいくつかは文脈主義の解決に対する誤解に基づいているように思える。懐疑論者が［SA］を提示するとき、それはつねに［SA-T］をあらわす、と文脈主義者は主張する必要はない。シッファーが最も直接に問題にしている文脈主義者は私である。しかし、私はそのような見解にコミットしていない！　文脈主義者の説明において最も本質的で、私が実際コミットしているのは、［SA］を（とりわけその最初の前提を）提示するとき懐疑論者は会話的策略（*a conversational maneuver*）を駆使している——厳しい基準を操作的基準とするように聞き手を誘導しようとする——ということである（基準を上げていく規則についてここで論じることは必要ないので省略）。しかし、懐疑論者が実際厳しい基準に誘導することに成功しているかどうか、またどういう条件下で成功するかはトリッキーな疑問である。なぜ［SA］が、とりわけ最初の前提が妥当であるように見えるかを説明するためには、懐疑論者がどのようなやり方で厳しい基準を組み込んでわれわれを脅かすかを説明すれば十分であると思われる。

文脈主義者の最終的な論点は次である：もし懐疑論者の議論が本当に成功しているならば（または成功している程度に応じて）、異常に強い要求をする認知基準を組み込むようわれわれを脅かすことによって成功しているのである。だから、その成功はわれわれの日常的な「知っている」という主張が間違っていることを一切示さない。そして、懐疑論者がわれわれを脅かすことに実際成功しているかどうか（事柄を知るためにはきわめて強い要求をする認知基準を用いなければならないということを示しえているかどうか――著者註）はきわめて不明瞭な事柄である。(1)

ただ、とデローズは続ける。

シッファーの不満は――彼がとても信じられないとしているのは、日常的な話し手が自分自身の語に惑わされることがある（*bamboozled by their own words*）、［SA］を扱うに際して「知る」の使用によって自分が意味している命題を別の命題と混同する、ということだから、文脈主義の理論家たちも「知る」の使用に際してときおりいかなる命題が表現されているのかまったくわからなくなることがあると言っても、たしかに不満解消の助けにはならないかもしれない。

しかし、シッファーの不満には効果的な解答がたしかにあるように思える。無邪気なほど簡単な解答だが。解答は次の事実に見出されるべきである：［SA］の結論としてえられた「手があるかどうか私は知らない」が日常的な、懐疑論とはほど遠い文脈での「手があることを私は知っている」と矛盾するかどうか、あるいは、前者は後者を否定するかどうかをたずねたならば、多くの日常的話者は「イエス」、多くは「ノー」と答えるだろう。もちろんこれは難しい質問である。何人かの話者は答えは簡単だと言うかもしれないが、かれらも「イエス」と「ノー」が半々だろう。つまり、日常的話者のかなりの部分が「知る」について自分の言葉に欺かれるのである。「知る」についてかなりの程度「意味論的盲目」（*semantic blindness*）が見られるということは、文脈主義のみならずどのような分析も甘受しなければならない事実なのである。[2]

3　デローズの応答の検討

要約すれば、デローズは三つの反論をしている。

（Ⅰ）［SA］は必ずしも［SA-T］を意味しない。

（Ⅱ）ポイントは懐疑論者が奇妙な（トリッキーな）話にわれわれを誘導しているということである。そこでの結論は現実とは関係ない。

（Ⅲ）日常的話者のかなりの部分が「知る」が文脈依存的であるかどうかについて意見を異にするように思われる。「知る」が文脈依存的でなかったとしても（つまり不変主義が正しかったとしても）、そのことに多くの日常的話者は気づかないことになる。「知る」が文脈依存的であることに気づかない（意味論的盲目）というのは、文脈主義特有の問題ではなく、その分析の傷にはならない。

これらを順に検討してみよう。

デローズは、文脈主義者にとって［SA］はつねに［SA-T］のことであるという解釈に抵抗している（ただし、シッファーが参照している自分の論文がかなりの部分そのように読めるように書かれていることは認めている）[3]。懐疑論者が［SA］を提示するとき読み手がそれを［SA-T］として受け取るように誘導しようとしていることは間違いないが、［SA-T］が［SA］の適切な解釈であるとするはっきりした理由はない（とくに前提(1)が提示されたとき、厳しい基準が適切な認知基準でなくてはならないという理由はない）、だから読み手によってはそこに誘導されない場合がある、ということのようだ[4]。

すると、誘導が成功して［SA］は［SA-T］である場合と、それが成功せず［SA］がたとえば［SA-L］（Lは「緩い基準」（*the "LOW" standards*）をあらわす。［SA-T］のなかの「厳しい基準において」を「緩い基準において」で置き換えた論証を［SA-L］と書く）である場合の二通りの可能性があることになる。

後の場合、つまり誘導が成功しない場合どうなるか。［SA］とは［SA-L］のことだから、

「(3)手があることを私は知らない」が偽になる。すると、閉包原理を認めれば(デローズは認める)、「(1)BIVではないことを私は知らない」が偽、つまり、BIVではないことを私は知っていることになる。このような議論の可能性、問題の解決の可能性がある。

前の場合、つまり誘導が成功して[SA]が[SA-T]を意味する場合が不適切(な解釈)であるということならば、ここで問題は終わりである(上の議論により、「手があることを私は知っている」、「BIVではないことを私は知っている」と結論される)。しかし、デローズは前の場合を不適切であるとは述べていない。実際、多くの場合、[SA]は[SA-T]として受けとられてきた。多くの論者がこの議論をパラドクスとして読んでいることを考えれば、ある意味、これは文脈主義の枠組み内でも自然な解釈である。この場合、[SA]は[SA-T]。すると、シッファーのシナリオ通りになる。懐疑論論駁のためには、懐疑論者の議論のある場所が間違っていることを指摘しただけでは不十分、それに加えてなぜそれが正しいように見えたのか説明する必要があると考える文脈主義者にはシッファーの批判に答える必要がでてくる。回り道をしながらだが、デローズはこれに向かっている。

さて、すると[SA]は[SA-T]である。[SA-T]は論理的には非の打ちどころのない論証である。二つの前提を認めれば結論は不可避である。このことを文脈主義者は認める。それは認めないのは結論「手があることを厳しい基準において私は知らない」の解釈である。それは他の文脈(日常的文脈)において「手があることを私は知らない」を意味しない。それを意味するという通常の解釈は知識主張の文脈依存性の含意を見てとれていない。それは、あらゆる文脈において（懐疑論者の挑戦（*skeptical challenge*）から遠く離れた日常的文脈においてさえ）知識主張が偽であると結論する。実際はこうである：懐疑論者の弁証的挑戦が、知識を正しく帰属させるための基準を上げている。多くの日常的文脈では、緩い基準が使われ、正しい知識帰属が可能であるばかりでなく、ありふれている（DeRose, 1999）。

この説明の中には、「知る」は文脈依存的（指標詞的）であるにもかかわらず、多くの人はそれに気づかずに間違える、という想定がある。しかし、適格な話者にそのようなこと（意味論的盲目）はありえない！　文脈主義の解決には説得力がない——とシッファーは批判する。これに対して、自分の使っている「知る」の意味をよく知らないということは不変主義の立場をとったとしても直面する問題であり、特段文脈主義の問題というわけではない、だからシッファーの批判は当たらない、とデローズは反論している。

しかし、「ここ」や「今」などの指標詞について熟練した話し手がその意味を知らないということはほとんどあるまい。（文脈主義者によれば）同じ指標詞的性格をもつ「知る」の場合なぜ系統的に間違うのかの説明が必要であるように思われる。[5]

4　ダメージコントロールの問題

以上の議論より時期的に少し前になるが、デローズ（DeRose, 1999）は、懐疑論に対する諸解答のリビューにおいて、文脈主義の解決を簡単に要約した上で、その主要な問題点として次の二つを挙げている。

問題点1（文脈主義が成功していたとして）

懐疑論に譲歩しすぎである。厳しい基準のもとでは、たとえば「手がある」ことも知らない、ということを認める。譲歩の値段が問題である。高くつきすぎるか？　この答えは、強い知識をもつことの重要性をどう考えるかによる。三種類の考え方がある。

(1)　懐疑論的基準はまったくもって法外で、それを満たせなかったとしても全然問題ない。

(2)　われわれは強い意味での知識をもつかどうかがそもそもの問題であり、それをもたないと答えることは懐疑論に対する全面降伏だ。

(3)　（中間の立場）懐疑論のなかで、文脈主義により譲歩された部分と拒否された部分の両方が興味深い。

問題点2（文脈主義が間違いである可能性）

文脈主義が間違っている可能性がある。競合理論が存在する（不変主義）。それによれば、知識の基準はすべての文脈で同じで、この観点から文脈主義が説明しようとする現象すべてを扱える。

デローズは文脈主義者にとって懐疑論をいかに扱うかの問題は**ダメージコントロール**（*damage control*）の問題だと指摘している。譲歩のダメージをどう食い止めるか。デローズ自身は上の(1)の立場をとっていると思うが、文脈主義の説明を採用することのコストもある。誤謬理論を採用せざるをえないこともその一つである。いま一つは、その説明が、強い文脈での結論が弱い文脈での結論に何ら影響を与えないとしている点である。これを維持しないと、懐疑論的結論が日常的結論を脅かすので、それを避けるためこの論点をデローズは文脈主義のコアとしている。たとえばそれは、銀行の例において、後半（ＨＩＧＨ）においてはハンナが知らないと判断した段階で、前半（ＬＯＷ）の知るという主張は正しかったと言い張るところにあらわれている。これはわれわれの直観に適合するとは必ずしも言えない帰結で（この点に関する心理学的実験結果ついては第５章第４節で見た）、それを受け入れるコストは高いと思う。

以上、（それらが可能であるかを含めて）個人がある事柄について正当化された信念をもつ、あるいは、個人がある事柄を知る、という現象について論じてきた。終章では、「複数の人間が一つの事柄を知る、そしてそのように知っていること自身を互いに知る、そして……」という濃密な相互的知識現象をとりあげる。

註

（1）ただし、デローズは次のように述べている。「私に対するシッファーの解釈はよく理解できる。「懐疑論的問題を解決すること」（DeRose, 1995）第二節において、私は、わかりやすさのために、はじめに「懐疑論に親近性をもった」文脈主義のバージョン（*a "skeptic-friendly" version of contextualism*）を一時的に仮定した。その上で、文脈主義の他のバージョン（ここでは「知識」のための基準を上げることに懐疑論者は必ずしも成功しない）に対してその説明がどのように適用されるかを説明しようとした。だから、論文の大部分が「懐疑論に親近性をもった」文脈主義のバージョンを私が受け入れているかのように読める」（DeRose, 2006, §6）。

（2）（文脈主義者の説明に暗黙裡に含まれる）適格な話者が自分が使用している語の意味を知らないというシッファーが指摘した現象を主題的にとりあげ、それに「意味論的盲目」（*semantic blindness*）という名称をあたえたのはホーソン（Hawthorne, 2004）である。

（3）註（1）を見よ。

（4）文脈主義の意味論について第3章第2節で簡単に説明した。それによれば知識文の発話者の置かれた文脈が真な信念が知識となるための基準（認知基準）を決める。文脈がどのように認知基準を誘導するか（*standard-inducing mechanism*）について、文脈主義は説明を用意している。しかし、説明の仕方については文脈主義者間で意見が分かれる。それらの中でシッファーが最良とみるデローズの説明は次である。はじめに「鈍感性」を次のように定義する（デローズはノージックのトラッキング説に依拠している。第1章第5節を参照）。

ｐであるというｘの信念は鈍感である（*insensitive*）のは次の場合およびその場合のみである：かりにｐが偽であったとしてもｐであるという信念をｘはもつ。

たとえば、私はＢＩＶではないという信念は鈍感である。なぜなら、それが偽である（つまり、私がＢＩＶである）現実世界と最もよく似た可能世界でも私はＢＩＶではないという信念を私はもつであろうから。鈍感でない信念を敏感である（*sensitive*）と言う。手があるという私の信念は敏感である。手がなければ手がないという信念をもつであろうから。

文脈により求められる認知基準は異なるが、その一つに敏感さの規則（*rule of sensitivity*）がある。それによれば、知識とみなされるためにはｐについてのＳの信念は敏感でなくてはならない。

Ｓがｐを知っていると主張されるとき、知識のための基準が引き上げられ、敏感さが要求される場合がある。デローズはここで、ＢＩＶではないことを知っているかどうかが問題になるとき、「知る」に敏感さを要求するのが適切かどうかは自明ではない、懐疑論者は敏感さを使用するよう読者を誘導しているようだが、と指摘している。

（5）デローズに先立って、スチュアート・コーエンもシッファーに回答している（Cohen, 1999, 2001, 2004）。コーエンは、シッファーがとんでもない、とても信じられないと言った現象——意味論的盲目——が「平ら」について否応なく起きると論じている。コーエンは次のように論じている。

われわれはいろいろなものを「平ら」だと呼んでいるが、これは誤った話法だろうか。間違いなく、そんなことはない。平らであることは文脈敏感的な基準に相対的だということは大概の人が認めるだろう。平らには程度があり、平らと言われるために表面がどの程度平らでなくてはならないかは文脈による。コロラドの人たちの間の会話で平らとみなされる道路はカンザスでは一般には平らとはみなされない。日常会話でテーブルを平らだと言えても、科学上の実験で使われるときには平らだとは言えないことがありうる。顕微鏡で観察するレベルまで基準を上げていったとすれば、その文脈ではおそらくいかなる物理表面も平らだとは言えなくなるだろう。しかし、だからといって、基準が緩い日常の文脈においてわれわれがいろいろなものを平らだということは間違いということにはならない。だから、ある物が平らかどうかの論争は「平ら」が文脈敏感的であることを示すことにより解決される。

われわれは暗黙裡に基準を上げることによって適格な話者に、日常の平らという判断が正しいかどうかを考えさせることができる。これはなぜか。平ら帰属は文脈敏感的であるものの、適格な話者がそれに気づかないことがありうるからである。この気づきのなさが、基準が極端に高い文脈で平ら帰属に躊躇することが日常の文脈での平ら帰属と衝突すると誤って考えることを導く。というわけで、文脈主義の意味論と（文脈主義が指示する）誤謬理論とを結びつけることには何の問題もない（Cohen, 2004, pp. 191-193）。

意味論的盲目が他の文脈敏感的語においてしばしば実際起きているのを知れば、「知る」の場合そのようなことは信じられない、ということにはなるまいというわけである。

ただし、「知る」と「平ら」は違うと答える道がシッファーにはある。このことはコーエンも認めている。「そうは言うものの、次のことを指摘しなければならない。「平ら懐疑論」（*flatness skepticism*）に対する文脈主義的解決と「正当化／知識懐疑論」に対する文脈主義的解決との間には重要な違いがある。「平ら」の帰属に対する文脈主義的解決は大部分の人から簡単に認めてもらえる。しかし、「正当化／知識懐疑論」に対する文脈主義的解決はそうではない」(Cohen, 2004, p. 192)。コーエンは、この違いを、「平ら」が事実に関する概念であるのに対し「知る」が価値概念であるところに求めている。

第11章　共有知とゲームの解

ある出来事Eの生起を複数の人間がともに知っていて、しかも、Eをともに知っていること自身を互いに知り合っている、しかも、そのこと自身を互いに知り合っている、しかも、……、という知識の強い相互性の構造のことを「共有知識（または相互知識）」（*common knowledge, mutual knowledge*）という。

「周知の事実」を意味する共有知識（*common knowledge*）という語はもともと日常英語にあるが、そのテクニカルな概念を導入したのは哲学者のデイヴィッド・ルイスが最初であると言われる（『コンヴェンション——哲学的研究』Lewis, 1969）[1]。少し後の一九七六年に、ゲーム理論家のロバート・オーマンが（ルイスとは独立に）それに形式的表現を与えた（「意見の不一致に合意すること」Aumann, 1976）。そこで彼は、ゲーム理論の枠組み内で、共有知識に最初の形式的定義を与えるとともに、それを使って「不合意定理」（*disagreement theorem*）を証明した。ゲーム理論においてはそれまで、ゲームの解析にあたり、ゲームのルールや各プレーヤーの合理性、効用関数などがプレーヤー間で共有知識であると暗黙のうちに仮定されていた。この暗黙の仮定を数理モデルの中に組み込む可能性を拓いたという点で、オーマンの論文はゲーム理論にとって画期的であった。それ以後、一九八〇年代から九〇年代を通じて、

(1) 認知論理を用いオーマンの定式化を論理的に整理すること

(2) オーマンの不合意定理、およびジアナコプロス＝ポレマルカキス（Geanakoplos and Polemarchakis, 1982）の「合意定理」（*agreement theorem*）を一般化すること

(3) ナッシュ均衡解をはじめとする非協力ゲームの解概念の解析・理論的正当化に共有知識の概念を適用すること

などを目標に、共有知識に関する（あるいは、この概念を用いた）研究がゲーム理論において活発に行われてきた。

現象学における間主観性への注目が示すように、認識論が知識や信念の共有に無関心であることはありえない。しかし、今日に至るまで認識論の主題が個人知（「個人Sは命題pを知っている」）でありつづけてきたのは事実である。この意味ではゲーム理論における共有知識の分析は、伝統的認識論の空白を埋めるものであり、それ自身哲学上の興味を強くひく。知識の

所有と合理的行動との間の一般的関係を分析している点でも興味深い。本章では、認識論的興味をひく範囲でそれを検証する。

本章の構成は次の通りである。第1節では、よく知られた例を使って共有知識の概念をあらためて導入する。第2節では、その例のもとでオーマンによる共有知識の分析を述べる。この準備の上で、第3節と第4節で、標準的な認知モデルを用いた共有知識の分析を解説する。第5節、第6節では、共有知識に関する二つの基本定理である不合意定理と合意定理を述べる。第7節では、共有知識とゲームの解との関係、ならびに、共有知識に関するパラドクスを紹介する。第8節では、分析の基礎に置かれている標準的な認知モデルの問題点を見る。

1　牧師と三人の婦人の例

次の話を考える。

三人の婦人A（アリス）、B（ベルサ）、C（コーラ）がある汽車の客車に乗り合わせたが、どういうわけか三人の顔はすすがついて汚れていた。婦人たちは互いの顔が汚れていることに気づいたがそれを口に出さなかったので、三人とも自分の顔が汚れていることに気づかずにつつましくすわっていた。（各婦人は自分の顔が汚れていることに気づいたときにだけ赤面する、ということにしよう。）そこへ一人の牧師が乗り込んできて言った。「この客車には顔の汚れた御婦人がおられます」。これを聞いた三人の婦人は、しばらく考えていたが、やがて一斉に赤面し、ハンカチで顔を拭きだした。

「この客車には顔の汚れた婦人がいる」ことを事象Eであらわす。このEは、明らかに牧師の登場以前に三人の婦人に知られていた事柄であった。しかし、「CがEを知っていることをBが知っている」ことをAは知らない。なぜなら、そのことをAが知っているためには、Aは自分の顔が汚れていることを知らないのだから、BとCが互いの顔を見ることによって、CがEを知っていることをBが知ることができるのでなければならない。しかし、Bは自分自身の顔を見ることができないのだから、CがEを知っているか否かBにはわからないはずである。したがって、「CがEを知っていることをBが知っている」ことをAは知らない。

Eを共有知識としたのが、三人の婦人を前にした牧師の発言である。そして、Eが共有知識となったことから、彼女たちは自分の顔が汚れていることにはじめて気づく。その理由は次の推論を各婦人が行えることによる。誰も赤面していない時点を考えよう。Aの立場で考える。以下の推論全体はAの行う推論である：もし私（A）の顔が汚れていないとすると、BとCは牧師の言った顔の汚れた婦人が私（A）ではないことがわかる。Bは次のように推論できる：「もし私（B）の顔が汚れていないとすると、Cは顔の汚れた婦人はAとBではないことがわかる。Cは次のように推論できる：『牧師の発言によると、客車内には顔の汚れた婦人がいる（E）。すると、牧師の言う顔の汚れた婦人というのは私（C）だ！』したがって、もし私（B）の顔が汚れていないとすると、Cは赤面するはずである。ところが、Cは赤面しない。この推論によれば、もし私（A）の顔が汚れていないとすると、私（B）の顔が汚れている！」（以上Bの行うであろう推論）。この推論によれば、もし私（A）の顔が汚れていないとすると、Bは赤面するはずである。しかし、Bは赤面しない。よって、私（A）の顔が汚れている！

この推論を行うためには、Aは、いくつかの仮想的な状況において自分以外の婦人が知るであろう事柄を知っている必要がある。とりわけ、AとBの顔が汚れていないとしたとき、「CがEを知っていることをBが知っていることをAは知っている」必要がある。Eが三人の婦人の間で共有知識であれば、それが成り立つ[2]。

2　オーマンの分析

上の例でオーマン（Aumann, 1976）による共有知識の分析を確認しておこう。その前に、共有知識の概念について簡単な注意をしておきたい。後に見るように共有知識には幾通りかの定義がある。基本的定義は次である。二人のプレーヤー、1、2を考える。事柄Eについて、「1はE（が起こったこと）を知っている、かつ、2もEを知っている、かつ、

1は2がEを知っていることを知っている、かつ、2も1がEを知っていることを知っている、かつ、……」が成り立つとき、二人の間でEは共有知識（*common knowledge*）であると言う。これが「共有知識の直観的概念」（*intuitive notion of common knowledge*）である。「直観的概念」においては、「知っている」という述語が主語を変えて交互に繰り返しあらわれる「反復的知識命題」の無限連言により共有知識が定義されている。そこで、直観的概念は「共有知識の反復的概念」（*iterated notion of common knowledge*）とも呼ばれる。以下では、主に反復的概念という名前を使うことにする。

上の例で言う共有知識は反復的概念の意味でのそれである。そこでは、牧師の発言が「この客車には顔の汚れた婦人がいる」という事象をその意味で共有知識にしたことを当然のこととしている。これは自明ではない。しかし、オーマンの分析から、それが実際成り立つことが明らかになる。

Iを三人の婦人の集合とする。すなわち、$I=\{A, B, C\}$である。3人の顔の状態について、考えられる組み合わせをすべて列挙すれば、次のようになろう（*C*：顔が汚れていない、*D*：顔が汚れている、とする）（表1）。

たとえばω_2は、Aの顔が汚れていて、B、Cともに汚れていないという場合である。このような可能な場合おのおのを「自然の状態」（*a state of nature*）という。自然の状態全体の集合を「状態空間」（*state space*）と言い、Ωとあらわす。この例では、$\Omega=\{\omega_1, \omega_2, \omega_3, \omega_4, \omega_5, \omega_6, \omega_7, \omega_8\}$

	ω_1	ω_2	ω_3	ω_4	ω_5	ω_6	ω_7	ω_8
A	*C*	*D*	*C*	*C*	*D*	*D*	*C*	*D*
B	*C*	*C*	*D*	*C*	*D*	*C*	*D*	*D*
C	*C*	*C*	*C*	*D*	*C*	*D*	*D*	*D*

表1

である。

一つの自然の状態ωが生起したとき、Aが得る情報はどのようなものであろうか。牧師の言明があり、しかも誰も赤面していないときを考える(便宜上、たとえばω_1を〝1〟であらわす)。牧師の発言はいつでも信頼できるものであるとみなされているものとする。牧師の言明があった以上、1は「起こりえない状態」として他のすべての状態から識別される。2が真の自然の状態(*a true state of nature*)のとき、(B、Cとも顔が汚れていないことをAは見ているから)Aは牧師の発言により自分の顔が汚れていることがわかる。すなわち、Aは〝2〟がまさに真の自然の状態であることを知る。3のとき、Aは3と5を識別できない(各婦人は自分の顔を見ることができない)。4のとき、Aは4と6を識別できない、……。各自然の状態について彼女にとって識別不可能な状態の集合を、その状態において彼女が得る「情報」と解釈すれば、各状態におけるAの情報は次のようになる(図1)。

明らかに、Aの情報の集合P_A(={{1},{2},{3, 5},{4, 6},{7, 8}})は状態空間Ωの分割となっている。ここで、Ωの互いに背反な部分集合

図1

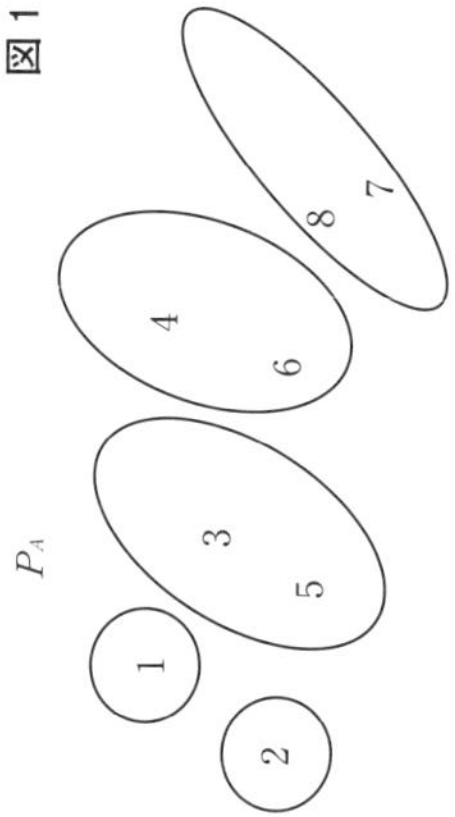

図2

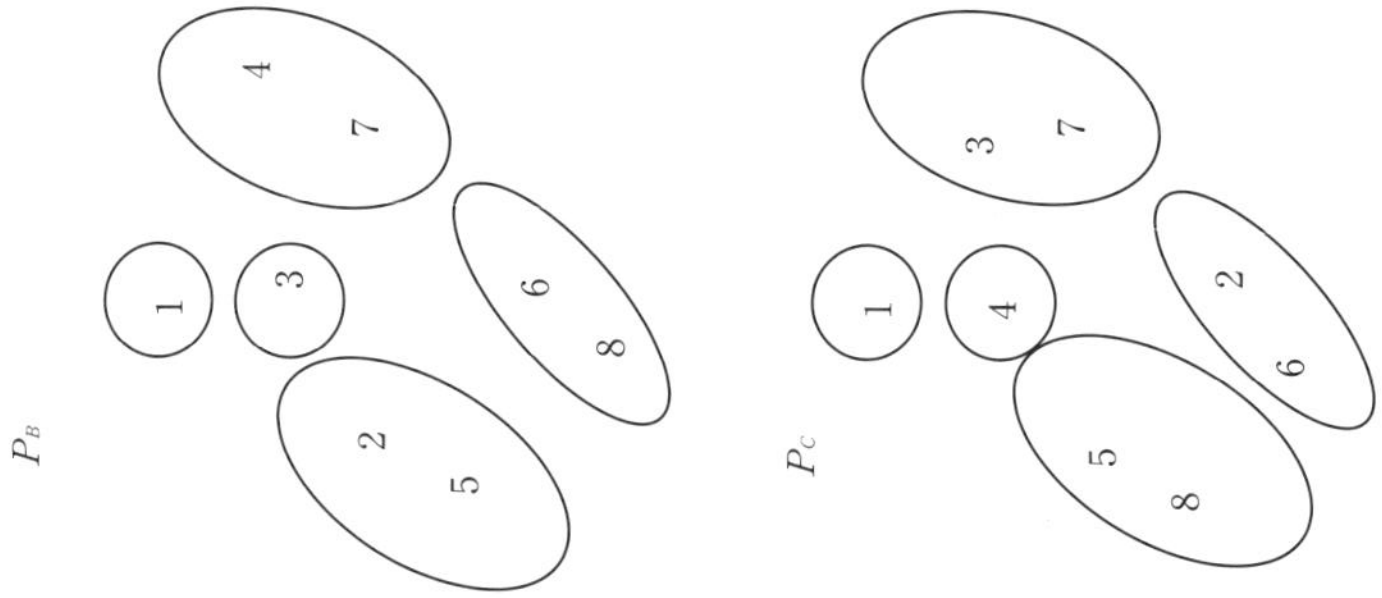

の族で、和をとるとΩとなるもののことを、Ωの分割という。この分割P_AをAの「**情報分割**」(*information partition*)という。また、ωを含む情報分割P_Aの成分を(ωにおけるAの)「**情報集合**」(*information set*)と呼び、$P_A(\omega)$であらわす。たとえば、$P_A(4)=\{4, 6\}$である。

BとCの情報の集合P_B、P_Cも、Ωの分割となる。BとCの情報分割P_B、P_Cはそれぞれ図2のようになる。

集合族ΓとΔに対して、Γのどの要素もΔの要素の和であらわされるとき、ΓはΔの「粗分」(*coarsening*)であるという。情報分割P_AとP_BとP_Cの共通の粗分のうち最も細かいもの

(*the finest common coarsening*) を P_A と P_B と P_C の「結び」(*meet*) と呼び、$P_A \wedge P_B \wedge P_C$ と書く。$P_A \wedge P_B \wedge P_C$ は、上の例の場合、図3のようになる。

$P_A \wedge P_B \wedge P_C(\omega)$ を ω を含む $P_A \wedge P_B \wedge P_C$ の成分とする。Ωの部分集合Eを「事象」と呼ぼう。オーマンによる共有知識の定義は次のものである。

ωが真の自然の状態のとき、事象Eが**(三人の間で)共有知識であるのは、**$P_A \wedge P_B \wedge P_C(\omega) \sqsubseteq E$ が成立するときおよびそのときのみである。

事象Eがωが真の自然の状態のとき共有知識であることを、Eは**ωにおいて**共有知識である、という。先の例において「この客車には顔の汚れた婦人がいる」という事象Eは{2, 3, 4, 5, 6, 7, 8}だから、$P_A \wedge P_B \wedge P_C(\omega_8) \sqsubseteq E$ となり、たしかにEは ω_8 において三人の間で共有知識である(この例では、ω_8 が真の自然の状態)。

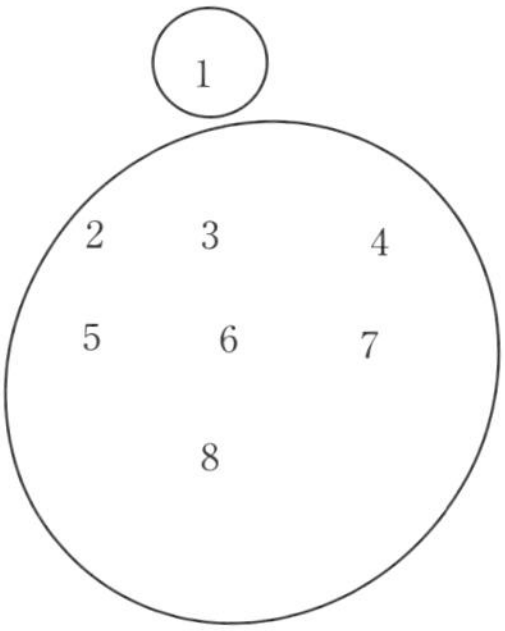

図3

オーマンは、各プレーヤーが情報分割をもつ場合、情報分割の結びを用いた上の定義が、共有知識の反復的概念と論理的に同値であることを証明している。これから、「この客車には顔の汚れた婦人がいる」という事象Eは反復的概念の意味でも共有知識であることがわかる。

状態空間Ωと人間iの情報分割P_iの組$\langle \Omega, P_i \rangle$を**情報分割モデル**という。オーマンは分析を通じて、各人が情報分割をもつと仮定している。彼は知識モデルとして情報分割モデルを使っていたことになる。この知識モデルにおいて、「(ωにおいて) iはEを知っている」は、情報集合$P_i(\omega)$を使って「$P_i(\omega) \sqsubseteq E$」と定義される。

3 認知モデル

オーマンによる集合論的定義を受けて、共有知識概念の最初の公理化を行ったのはミルグロム(Milgrom, 1981)である。彼は、共有知識を一つの事象としてとらえた上で、それが満たすべき性質を特定の公理系により規定した場合、オーマンの共有知識がその公理系を満足する唯一のものであることを示した。彼の分析は、共有知識を一つの事象としてとらえた点で、言い方を換えれば、(共有知識)作用素Kを用い共有知識をとらえようとした点で、意味論的観点からは重要な貢献がある。しかし、彼のモデルにおいては、各プレーヤーは情報分割をもつと仮定されており、彼の分析は知識モデルとしては情報分割モデルの範囲内にある。

ゲーム理論において、プレーヤーのもつ情報の分析は伝統的にベイズ的枠組みで処理されてきた。信念は強さの程度をもつものとして、すなわち確率的信念として分析されてきた。オーマンの貢献の一つは、その枠組みに確率的信念とは異質の「知識」という情報とその処理法を追加した点にある。オーマンの仕事が注目された理由の一つはここにある。オーマンにより導入された知識モデルを認知論理学の観点から整理する可能性に着目したのは、バカラック（Bacharach, 1985）である。彼は、知識の概念の構文論的分析（認知論理）から出発して、その意味論的モデルとして情報分割モデルをとらえた。彼が基礎に置いたのは、情報集合 $P_i(\omega)$ ではなく、知識作用素 K_i である（K_i は、事象Eに対し「（ωにおいて）iはEを知っている」ことをあらわす事象 K_iE を対応させる作用素）。彼は、K_i が認知論理S5に相当する諸要請を満たす場合（「**強認知モデル**」（*strong epistemic model*））、オーマンが仮定した情報分割をそのプレーヤーがもつことを示すとともに、オーマンの不合意定理のある拡張が成り立つことを証明した[3]。

バカラックの強認知モデルにおいては、状態空間ははじめから所与として仮定されていた。サメット（Samet, 1990）は、一定の言語において定義される文全体の集合を基礎に、その集合上から{0,1}上への写像全体の集合のうち、任意の文について、それが真であるか偽であるかいずれか一方が成り立つという条件を満たすものを状態空間と定義し、それに基づき、認知論理のいくつかの体系に相当する認知モデルを分類した。認知論理S5から、「もしあるひとがあることを知らないということを知らないならば、彼はそのことを知っている」ことを要請する「負の内省公理」（*negative introspection axiom*）を除いたものが、認知論理S4である。S4に相当する比較的弱い認知モデルにおいては、情報分割が存在するとは限らない。しかし、サメットはそこにおいても、情報集合の個数に関するある有限性の条件の下、オーマンの不合意定理がなお保存されることを示した。

この結果をうけて、シン（Shin, 1993）は、知識を形式的体系における証明可能性とみなす解釈に基づき、サメットの弱い認知モデルを実際に構成した。そして、そのモデルのもとで、プレーヤーの知識システムをある種の数学的構造（トポロジー）としてとらえることができることを指摘するとともに、その構造を用いることにより、情報分割が存在しない場合にも共有知識を簡単に特徴づけることができることを示した。

ビンモア＝ブランデンバーガー（Binmore and Brandenburger, 1990）が、バカラック以来の議論を整理している。以下それに従い、認知モデルと共有知識の分析を述べよう。

Ｉをプレーヤーの集合、Ωを自然の状態の集合とする（簡単のためΩを有限集合とする）。Ωの部分集合Ｅを「事象」と呼び、P(Ω)を事象全体のなす集合族とする。事象Ｅに事象K_iEを対応させる、P(Ω)からP(Ω)への写像K_iを、プレーヤーiの「知識作用素」（*knowledge operator*）という。事象K_iEは、iがＥ（が起こっていること）を知っているような自然の状態全体の集合を意味する。(4) この解釈のもと、たとえば、$\omega \in K_1E$は「ωにおいて1はＥを知っている」、$\omega \in K_2K_1E$は「ωにおいて1がＥを知っていることを2は知っている」をあらわす。

知識作用素K_i（$i \in I$）に対し、さしあたり以下の要請を置く（E、Fは任意の事象）。

N　$K_i\Omega = \Omega$　（状態空間の公理）

B_w　$K_i(E \cap F) = K_iE \cap K_iF$　（弱バーカン公理）

T　$K_iE \subseteq E$　（真理の公理）

4　$K_iE \subseteq K_iK_iE$　（正の内省公理）

Nは、「真の自然の状態が何であろうともΩ自身はつねに知られている」ことを要請している。**B_w**は、「プレーヤーが二つの事象の各々を知っているのは、それら二つがともに起きていることを知っている場合およびその場合に限る」ことを要請する。**B_w**からただちに、「もし$E \subseteq F$ならば、$K_iE \subseteq K_iF$」（K_iの単調性（*monotonicity*））が導かれる。したがって、**B_w**は、「事象Eが起きたことをiが知っているならば、iはEの任意の論理的帰結も知っている」ことを要請していることになる。

Tは、「実際に起きていないことをiが知るということはない」ことを要請する「**真理の公理**」（*truth axiom*）である。これは、伝統的に知識を信念から区別する本質的条件とみなされてきたもので、「知識の公理」（*axiom of knowledge*）とも呼ばれる。**4**は、「iがEを知っているならば、そのこと自身をiは知っている」ことを要請する「**正の内省公理**」（*positive intro-*

spection axiom）である。B_wがプレーヤーの推論能力を規定しているのに対し、4は、彼の意識の「覚醒」の度合いを規定している。

K_iは、事象Eに事象K_iEを対応させる作用素であった（$i \in I$）。Eに$K_j(K_iE)$を対応させる作用素を$K_j \cdot K_i$と書く（$i, j \in I$）。（$\omega \in$）$K_j \cdot K_iE$は、「ωにおいてiがEを知っている、ということをjが知っている」という事象をあらわす。一般に、Eに$K_{i1}(\ldots(K_{in-1}(K_{in}E))\ldots)$を対応させる作用素を$K_{i1} \cdot K_{i2} \cdot \ldots \cdot K_{in}$と書く（$i_1, i_2, \ldots, i_n \in I$）。$K_{i1} \cdot K_{i2} \cdot \ldots \cdot K_{in}$全体の集合をKと書く。すなわち、$K = \{K_{i1} \cdot K_{i2} \cdot \ldots \cdot K_{in} \mid i_1, i_2, \ldots, i_n \in I, 1 \leqq n\}$。Kの任意の元κについて$\omega \in \kappa E$が成立するとき（すなわち、$\omega \in \cap\{\kappa E \mid \kappa \in K\}$のとき）、「ωにおいてEは（Iの間で）**共有知識**である」という。ここで、$\omega \in \cap\{\kappa E \mid \kappa \in K\}$は、「ωにおいて、全員がEを知っている、かつ、全員が（全員がEを知っている）ことを知っている、かつ、……」（共有知識の反復的概念）を意味する。

ωが真の自然の状態であるとしよう。事象Tについて、（$\omega \in$）$T \subseteq K_iT$が成り立つとき、すなわち、Tが（ωにおいて）それが起きればプレーヤーiにより必ず知られるような事象であるとき、Tを（ωにおける）「iの**自明事象**（*truism*）」と呼ぶ[5]。事象Tがすべてのプレーヤーにとっての（ωにおける）自明事象であるとき、Tを（ωにおける）「共通自明事象（*common truism*）」と呼ぶ[6]。次の命題が証明される。

事象Eがωにおいて共有知識であることと、

（ωをふくむ）共通自明事象Tが存在して、$T \subseteq E$である　……(1)

ことは同値である。

この命題は、共有自明事象の概念を用いた共有知識の特徴づけが可能であることを示している。

4　可能性集合と情報分割

プレーヤーiのωをふくむ最小の自明事象を、（ωにおける）iの「**可能性集合**」（*possibility set*）と呼び、$P_i(\omega)$であらわす。これは、ωが起こったとき、ωの属する範囲としてiが最大限しぼれる範囲である。換言すれば、可能性集合$P_i(\omega)$は、iにとってωと識別不可能な自然の状態全体の集合を意味する。

ωをふくむ最小の共通自明事象を（ωにおける）「**共通可能性集合**」（*common possibility set*）と呼び、$P(\omega)$であらわす。これは、ωが真の自然の状態であるとき、すべてのプレーヤーにとって等しくωと識別不可能な自然の状態全体の集合を意味する。[7]

共通可能性集合P(ω)について次の命題が成立する。

ωにおいてEが共有知識であるための必要十分条件は、

$P(\omega) \subseteq E$ ……(2)

が成り立つことである。

(2)は、事象が共有知識であるためのオーマンの基準に対応する。

可能性集合 $P_i(\omega)$ は以下の条件を満足する。

(P1) 任意の $\omega \in \Omega$ に対して、$\omega \in P_i(\omega)$

(P2) 任意の $\omega, \zeta \in \Omega$ に対して、$\zeta \in P_i(\omega) \rightarrow P_i(\zeta) \subseteq P_i(\omega)$

(P1)、(P2)はそれぞれ、「実際に起きている状態は不可能なものとみなされない」、「もしある状態が可能ならば、その状態から見て可能な状態はすべて現実の状態から見ても可能である」ことを要請している。

可能性集合 $P_i(\omega)$ は知識作用素 K_i を基礎に導入された。逆に、P_i を基礎に K_i を導入することもできる。$K_iE=\{\omega\in\Omega\mid P_i(\omega)\subseteq E\}$と定義すればよい。そのように定義された$K_i$がN、$B_W$、T、4を満足することと、「可能性作用素」(*possibility correspondence*) P_iが(P1)、(P2)を満足することは同値である。

一般に、ゲーム理論では状態空間Ωを分割する可能性集合の族は「情報分割」、その成分は「情報集合」と呼ばれる。可能性集合の族は必ずしもΩの分割ではない。それがΩの分割となるという条件は、

(P3) 任意の$\omega,\zeta\in\Omega$に対して、$\zeta\in P_i(\omega)\rightarrow P_i(\zeta)=P_i(\omega)$

である。K_iが、N、B_W、T、4に加えて次の5を満足すれば、P_iは(P1)、(P2)、(P3)を満足し、その逆も成立する。

5 $(\sim K_i)(\sim K_i)E\subseteq K_iE$ (負の内省公理)

5は「**英知の公理**」(*axiom of wisdom*)と呼ばれ、「もしプレーヤーiがあることを知らないならば、自分がそのことを知らないということを彼は知っている」ことを要請している($\sim K_iE$はK_iEの補集合)。これはある種の「無知の知」を要請する条件である。4と同様に、5

もプレーヤーの意識の覚醒の度合いを規定している。この公理は認知論理の「負の内省公理」(*negative introspection axiom*)に対応する。オーマンの共有知識の定義は情報分割を基礎に置いていたから、5を仮定していたことになる。しかし、5という公理は、知識の諸公理のなかでもとりわけ議論をよぶものである。

5 不合意定理

共有知識関連の話題のうち基本的なものは二つある。一つは、オーマン(Aumann, 1976)の次のような「**不合意定理**(または**事後確率一致定理**)」(“*no agreement*” *theorem* or *disagreement theorem*)である。二人のプレーヤーが情報分割をもつとする。このとき、

もし二人のプレーヤーが(Ω上の)同じ事前確率分布をもち、かつ ω(∈Ω)が起きたときの事象Fに対する各プレーヤーの事後確率が共有知識であれば、それらの事後確率は一致する。

もし二人のプレーヤーが事前確率分布を共有し、かつ ωが起こったときの事象Fに対する各

プレーヤーの事後確率が共有知識でありさえすれば、事後確率の計算がまったく異なる情報に基づくものであったとしても（各プレーヤーは一般には異なる情報分割をもつ）、事後確率は必ず一致する。すなわち、同一の事前確率分布をもつ人々が、そのような場合、「意見の不一致に合意することはありえない」（*We cannot agree to disagree*）。

ハーサニ（Harsanyi, 1967-1968）が、〈プレーヤー間の主観確率の相違はもっぱら得た情報の違いにのみ基づく、まったく同じ情報で育った人々が異なる主観確率をもつとする合理的理由はない〉ことを主張している。[8] この主張はふつう「**ハーサニ・ドクトリン**」（*Harsanyi doctrine*）と呼ばれる。オーマンは、不合意定理はハーサニ・ドクトリンを裏づける結果である、と解釈している（Aumann, 1976, pp. 1237-1238）。

「意見の不一致に合意する」（*agreeing to disagree*）とは互いに敵であることを認め合うことである、その上であえて集合的意思を形成する努力がリベラル・デモクラシーにほかならない、というリベラリズムの考え方がある。その考え方の基礎にある意見の不一致への合意は、実は各人の情報の相違にのみ帰因する、情報の完全な共有という条件下ではそのような不一致の合意はありえない、完全な合意があるだけだ、というリベラリズムへの辛目のコメントとして不合意定理を読むこともできる（ただし、オーマン自身がそのように述べているわけではない[9]）。

6　コミュニケーションプロセスと合意の形成

ハーサニ・ドクトリンによれば、プレーヤーの意見は彼のもっている事前的信念と付加情報により定まる。一般に、プレーヤーは一つの事柄に対し異なる意見をもつ。何らかの公共性の介在により、意見の相違を排除することができるかは認識論的にも興味ある問題である。不合意定理はこの問題に一つの解答を与えている。

しかし、不合意定理において「ωが起こったときの事象Fに対する各プレーヤーの事後確率が共有知識である」というのはかなり強い条件である。この条件を満たす事象は（全事象、空事象など）きわめて限定されたものになる。多くの場合、一般の事象はこの条件を満たさない。

ジアナコプロス＝ポレマルカキス（Geanakoplos and Polemarchakis, 1982）は、その条件を課すかわりに、（情報分割モデルのもとで）二人のプレーヤーが互いの事後確率の値を相手に伝え、その情報をもとに互いに自分の事後確率値を修正し、さらに修正された確率値を相手に伝え合うという過程（**コミュニケーション・プロセス**）を考え、

その過程を繰り返すならば、各プレーヤーが同一の事前確率分布をもち、しかも、各プレーヤーの情報分割（の個数）が有限であるという条件下で、任意の事象について、各プ

レーヤーの事後確率が有限回のステップで一致することを証明した。これが、共有知識に関連するいま一つの基本的結果である「**合意定理**」(*agreement theorem*) である。

コンセンサスの形成に関する二つの定理はそれ自身興味のあるものであるが、それらは事実上、共有知識の分析が適切であるかどうかを測る試金石となっている。共有知識の分析は、それらもしくはそれらの拡張を証明できるものでなければならない。なお、二つのコンセンサス定理はともに情報分割モデルのもとで証明されていることに注意したい。

7　共有知識とゲームの解——戦略的状況下での合理性の解析

共有知識の概念はもともと、調整ゲーム (*coordination games*) における解の概念である「コンヴェンション」を導入するための装置のひとつとして導入された (Lewis, 1969)。はじめに述べたように、ゲーム理論における共有知識の重要性ももっぱら、それが非協力ゲームの解概念の合理性の解明にはたすと期待される役割にある。

特定のゲームが与えられたとき、一般にそれには次の二種類の解釈が可能である。

(1) 定常的解釈 (*steady state interpretation*)
(2) 単射的解釈 (*one-shot interpretation*)

(1)は、同じ型のゲームが繰り返し行われてきていて、当のゲームをその中の最新のものとみる見方である。(2)は、そのゲームを一回限りのものとみる見方である。(1)の場合、当のゲームにおける合理的戦略を決める際のデータとして、これまでのゲームの結果を使うことは十分に意味がある。また、ここには進化論的発想を組み込む余地もある。実際、ベイジアンは(1)の解釈に基づく分析を行っている(事象の起きやすさに対する個人の信念の度合である主観確率を、決定分析のため積極的に用いる人々を「ベイジアン」(*Bayesian*)と言う)。また、合理的な解を、同様のゲームの繰り返しの過程を経て定着する戦略の組として解釈する進化論的発想が、メイナード-スミス(Maynard-Smith, 1982)の『進化とゲーム理論』以来注目を集めている。これは合理性に対する経験主義的見方であり、道徳規則やさまざまな社会規則の成立を経験主義的に理解しようとする倫理学者にとって興味ある解釈であろう。

(2)の場合、ベイジアンが利用するような過去のデータは存在しない。この場合、合理的決定は何かを考える際、言い方を変えれば、解の合理性を考える際、プレーヤーが互いに相手に対してもつ情報が重要な因子となる。ここで登場するのが共有知識である。

ゲーム理論における共有知識概念の重要性について、ビンモア＝ブランデンバーガー(Binmore and Brandenburger, 1990, p. 106）が次のように述べている。

これ（共有知識の反復的概念――筆者註）は一見現実味のない定義であるように思われるかもしれないが、重要な定義である。何らかの自己予測（*self-prophesying*）を組み込んだ均衡点の概念は**必然的に**、何らかの種類の共有知識の成立に関する要請を必要とする。もっとも、その要請が明示的に述べられることは希であるが。均衡点において、行為者たちは未来に対するそれぞれの予測に基づいて最適行動を決定する。したがって、未来は行為者たちが行う予測に部分的に依存する。行為者たちの予測はどこから来るのか。それらが根拠ある予測であるならば、それらは各行為者のもつ知識に基づくことになろう。行為者が二人である場合、これは、行為者1が行為者2の知識について何事かを知らなければならないことを意味する。なぜなら、未来は2の行う予測に部分的に依存するから。しかし、2の知識のうちここでの問題に関連するのは、1がもつ知識に対して2がもつ知識であろう。以下、同様。（文中、強調は筆者によるもの）

「何らかの自己予測を組み込んだ均衡点の概念は必然的に、何らかの種類の共有知識の成立に関する要請を必要とする」と述べられている。具体的には、どのような種類の共有知識の成立に関する要請が必要なのであろうか。ゲーム理論家たちが注目したのはプレーヤーの合理性である。ゲーム理論において合理性は、標準的には期待効用最大化を意味する。しかし、プレーヤーはいかなる種類の確率分布により期待値をとるとみなすべきか、について解釈上の自由度がある。ここから、期待効用最大化という規準の範囲内で、合理性の定義が複数可能になる。実際、合理性の定義の変形がいくつか提唱されている。提案された定義の意味で**プレーヤーたちが合理的であることが共有知識であると**要請したとき正当化されるゲームの均衡解について研究が行われている。

プレーヤーの合理性の共有知識の要請とゲームの解概念の関係について、次のような命題が知られている。各プレーヤーは他のプレーヤーの選択する行動についてそれぞれ一定の主観確率分布をもつとする。各プレーヤーのもつ主観確率分布に対する仮定として、次の四つのタイプのものを考える。

1　仮定なし。

2　異なるプレーヤーの行動は互いに統計的に独立となる。

3　同じプレーヤーの行動についての主観確率分布は各プレーヤー共通で、しかもその分布はプレーヤー間で共有知識である。

4　各プレーヤーの主観確率分布は、各プレーヤーに共通でしかもプレーヤー間で共有知識である一つの事前分布から、そのプレーヤーの個人情報によって導出された事後確率分布である。

もし各プレーヤーがi（i＝1、2、3、4）のタイプの主観確率分布をもち、しかも、「その主観的確率分布のもとでの期待効用を最大化する行動を選択するという意味で合理的である」ことがプレーヤー間で共有知識ならば、各プレーヤーは、それぞれ、i＝1のときにはいわゆる「繰り返し非被支配戦略」（*iteratively undominated strategy*）、i＝2のときはバーンハイム（Bernheim, 1984）、ピアス（Pearce, 1984）の「合理化可能戦略」（*rationalizable strategy*）、i＝3のときはナッシュ均衡戦略、i＝4のときはオーマン（Aumann, 1987）の「相関均衡戦略」（*correlated strategy*）をとる（Brandenburger and Dekel, 1989）[10]。

非協力ゲームにおいて各プレーヤーは、相手のとる戦略をよく考えた上で自分のとる戦略を選択する必要がある。熟慮の上の選択を「最終決定」（*final decision*）と呼んだ上で、金子・永島（Kaneko and Nagashima, 1991）は、それをゲームを記述する一階の理論（を無限連言を許すように少し拡張したもの）のなかで公理により規定するとともに（「最終決定公理」）、プレーヤーの十全な論理的演繹能力を要請する公理を置いた。その上で、それらの公理がプレーヤー間で共有知識であれば、可解ゲーム（*solvable games*）において、プレーヤーi（∈I）の戦略xがかれにとって最終決定となるのは、xがiにとってのナッシュ戦略であることがプレーヤー間で共有知識である場合に限ることを示している（任意のナッシュ戦略x、yに対し、それらのいかなる組（x、y）もナッシュ均衡解となるとき、そのゲームを可解ゲームという）。

他方、**強いタイプの共有知識の要請はパラドクスをもたらす**ことも知られている。n人非協力ゲームを考える。$(a_1, a_2, \ldots, a_n)$ を各プレーヤーのとる行動の組であるとする。任意の $(a_1, a_2, \ldots, a_n)$ について、どのプレーヤーについても、他のプレーヤーのとる手が変わらない限り自分のとる手が最大の期待利得をもたらすものであるとき、$(a_1, a_2, \ldots, a_n)$ を「**ナッシュ均衡解**」(*Nash equilibrium*) という。ナッシュ均衡解は非協力ゲームの標準的な解概念である。ゲームにおいてナッシュ均衡解は一般には複数ある。それらの中には直観的に不合理的な解があることが知られている。ナッシュ均衡解の中から不合理的な解を排除しようとする議論が「**ナッシュ均衡解の精緻化**（*refinement of Nash equilibria*）」である。

ナッシュ均衡解の精緻化としてさまざまな解概念が提案されている。それらのなかで最も基本的な精緻化は、ゼルテン（Selten, 1975）の「**部分ゲーム完全均衡解**」(*subgame perfect equilibrium*) である。ゲームはかならず最初の手番をもつ。最初のいくつかの手番を削除したあとに残るゲームを「部分ゲーム」(*subgame*) という。部分ゲーム完全均衡解とは、ナッシュ均

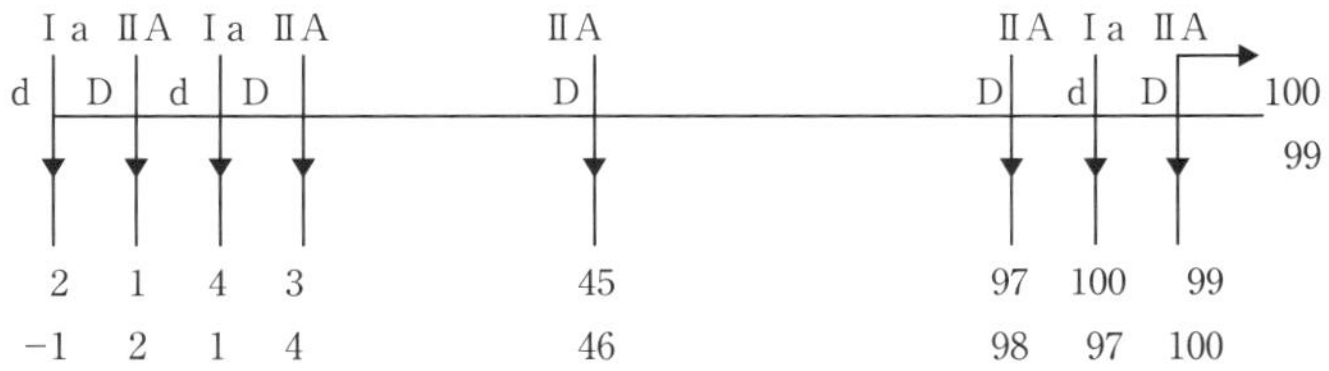

図４

衡解のなかでとくに、もとのゲームのすべての部分ゲームにおいてナッシュ均衡解となっているものを言う（Selten, 1975, 1978）。それ以外の精緻化の大部分が部分ゲーム完全均衡解の精緻化となっている、という意味で部分ゲーム完全均衡解は最も基本的な精緻化である。

ゲームのルールや各プレーヤーのとりうる戦略の集合、効用関数、合理性等（簡単に、ゲームの構造）がプレーヤー間で共有知識であるゲームを「情報完備ゲーム」（*complete information game*）という。標準的な場合、完備情報が仮定される。完備情報ゲームにおいて、部分ゲーム完全均衡解が直観に反する勧告をする場合がある。これを明らかにしたのが、ゼルテン（Selten, 1978）の「**チェーンストア・パラドクス**」（*the chain-store paradox*）である。

ここでは、簡単な「ムカデの例」（Rosenthal, 1981）を使ってそのアイデアを述べよう。ムカデの例とは図に示したような、情報完備かつ完全情報二人ゲームである（図４）。

左からゲームが始まり、最初の手番で、Ⅰが「下」（d）か「横」（a）を選択する。下が選ばれれば、そこでゲームは終了し、Ⅰが2、Ⅱが-1の利得を受け取る。横が選択された場合、二番目の手番で、Ⅱ

が下（D）か横（A）を選択する。下が選択されれば、ゲームは終了。そうでなければ、Iによる三番目の手番に達する。以下同様。

一〇〇個の手番をもつこのゲームには、部分ゲーム完全均衡解は一つだけある。最終手番で考えると、IIにとって合理的なのは下（100＞99）。最後から二番目の手番でIにとって合理的なのは、最終手番で下が選択されることを考慮すると、やはり下（100＞99）。以下同様にして、最初の手番でIにとって合理的なのは下（2＞1）。したがって、この均衡解によれば最初の手番でIが下を選択してゲームは終了する。この結果、IとIIの得る利得は、それぞれ、2、-1である。しかし、この結果はわれわれの直観に著しく反するようにみえる。われわれがIの立場に立ったとしても、最初の下を選びゲームを終わらせることを選択するようには思えない。

ここで最終部分ゲームから最適戦略を計算していく論法が用いられているが、これを「**後方からの帰納法**」（*backward induction*）と言う。チェーンストア・パラドクスも後方からの帰納法を使う。これらを「**後方からの帰納法のパラドクス**」（*backward induction paradox*）と総称する。

これらのパラドクスによれば、**ゲームの構造がプレーヤー間で共有知識であることを前提とする限り**（情報完備の仮定）、自然な推論により導かれる直観的に妥当な解は部分ゲーム完全均衡解の**外**にある。

それらのパラドクスを解消しようとするその後の研究から明らかになったように、ゲームの構造そのものが共有知識であるという仮定を維持する限り、ゲーム理論の勧告を直観と折り合わせる見込みはほぼない。それらのパラドクスの成立に際して、ゲームの構造が共有知識であるという要請が本質的に効いている。

8　知識の公理群の検討

第3節と第4節で述べた認知モデルでは、共有知識の基礎となるのは知識に関するNから4までの公理である。情報分割の存在を仮定したオーマンの定義は、それらに加えて公理5を基礎に置いていることになる。Nから5までの公理系は、実質的にバカラック（Bacharach, 1985）の強認知モデルに対応している。

情報分割の存在を保証する公理5については、オーマンの擁護がある（Aumann, 1976, 1987）。オーマンによれば、プレーヤーが5を満足する、すなわち情報分割をもつ、というのはトートロジカルな命題である。情報分割の存在の自明性を説くオーマンの立場の背景を、ビンモア＝ブランデンバーガーが以下のように説明している。

牧師と三人の婦人の例において、話を少し変えてみる。牧師が「顔の汚れた婦人がいる」と発言するのは、

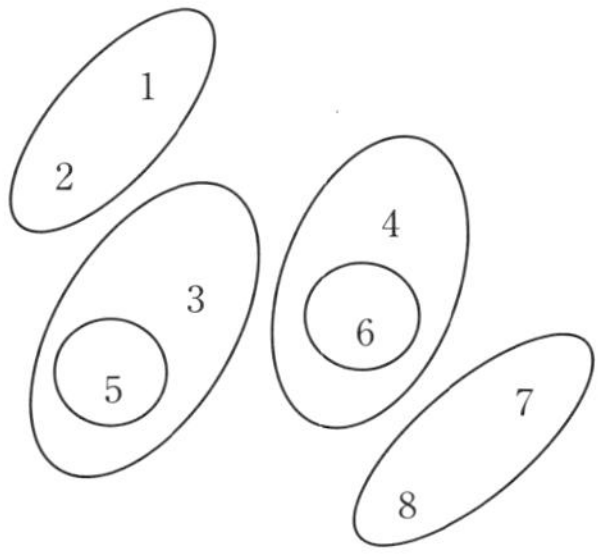

図５

ケース①　彼の機嫌がよく、かつ、三人全員の顔が汚れている。
ケース②　彼の機嫌が悪く、かつ、二人以上の顔が汚れている。

という二つのケースだけであり、このことを三人の婦人は知っている、とする。問題の場面で、牧師は機嫌が悪いのだが、婦人Aはそのことを知らない、とする。この場合、Aの可能性集合は図のようになる（図５）。

たとえば、3が真の自然の状態である場合（Aの顔：*C*、Bの顔：*D*、Cの顔：*C*）を考える。この場合、牧師は発言しない。Aは、3と5（Aの顔：*D*、Bの顔：*D*、Cの顔：*C*）を識別できない。彼女は、5が真の自然の状態であるが牧師の機嫌がよい、という可能性を排除できないからである（その場合、牧師はやはり発言しない）。また、5が真の自然の状態である場合、ケース②が実現しているから、牧師は問題の発言をして、Aは自分の顔が汚れていることを、すなわち、（3ではなく）5が実現していることを知る。

これは、可能性集合の族がΩを分割しない場合——**5が満足されないケース**——である。このようなケースに対して、オーマンはΩの記述を見直すべきだと主張する。すなわち、Ω＝{1,

2,3,4,5,6,7,8} を Ω* = {1,2,3,4,5,6,7,8, I, II, …, VIII} と精致化すべきことを主張する。ただし、たとえば、1∈Ω*は「1でしかも牧師の機嫌がよいケース」を、I∈Ω*は「Iでしかも牧師の機嫌が悪いケース」を意味する。状態空間をこのように精致化した場合、Aの可能性集合の族は図のようになり、それはΩ*を分割する（図6）。

たとえば、3と5が真の状態のとき、牧師は機嫌がよいから、発言しない。また、IIIのとき、これは3でしかも牧師の機嫌が悪い場合だから、やはり発言はなく、Aにとって3、5、IIIは識別不能である。Vのとき、これはケース②の場合であるから、発言があり、3やIIIと識別される。5の場合を考えると、これは牧師の機嫌がよい場合であるから、この場合発言はないはずである。したがって、Vは、5とも識別可能である。

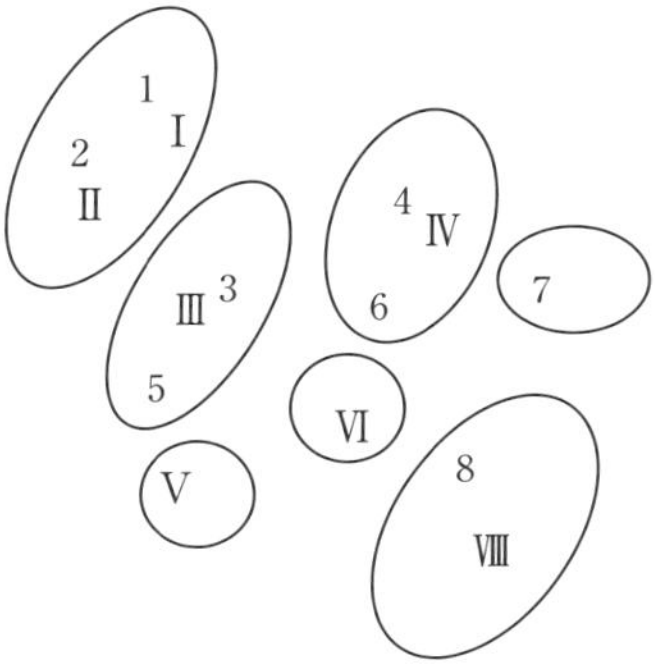

図6

オーマンは結局、右のケースを次のように理解しようとする：Ωの設定の仕方、すなわち、自然の状態の記述の不十分さゆえに、図5において情報分割が成立しなかったのだ、と。この理解の仕方をつきつめると、「**Ωを設定するに際し、各状態の記述は完全に包括的(*all-inclusive*)であるべきである**」、換言すれば、「各状態の記述が完全に包括的ならば、情報集合の族は必ず情報分割となる」とするオーマン（Aumann, 1976）

の主張となる。(11)

ビンモア＝ブランデンバーガーは、もし記述されるべきすべてがあらかじめ枚挙可能で札をつけることができるのであれば、たしかにこれはもっともなアドバイスである。しかし、あらかじめそのようなことを行うことは不可能ではないか、とこの主張を批判している。また、状態空間をそのように理解することは、大量の情報を処理する能力をプレーヤーに要求することである。そのように要請した場合、より基本的な公理である真理の公理Tに対しても疑いが投げかけられることになると指摘している。Tに対するかれらの批判は次のようなものである。

可能性集合の概念枠組みで見れば、Tは、「実際に起こった事態は不可能なものとはみなされない」という次の条件(Q1)と同値となる。

(Q1)　ω∈Pi(ω)

(Q1)を問題にする。ωを世界の一つの状態、S＝S(ω)を「……は可能か？」という問にときとして「否」と答え、「否」と答えないかもしくはまったく答えないとき当の可能性を認めたことになるようなチューリング機械であるとする（大量の情報を処理する能力をプレーヤーに要求した場合、プレーヤーをチューリング機械に見立てることは不自然ではないことに注意）。［M］をチューリング機械に関する何らかの特定の問いとする。そして、{M}を「［M］をインプットされたときチューリング機械Mが「否」とアウトプットすることが可能か」という問いであるとする。Tを、［M］をインプットされたとき{M}をアウトプットするチューリング機械とする。R＝STをSとTを組み合わせて構成されたチューリング機械で、［M］に対してSが{M}に対して出すアウトプットと同じようにアウトプットするものとする。このとき、Rが［R］に対し「否」と答えた（＝ω）、としよう。すると、定義からSは、Rが［R］に対し「否」と答える（＝ω）のは不可能であると答える。よって、$\omega \notin P_S(\omega)$。

　意識の覚醒の度合いに対する要請である4、5も強い要請であることは否めない。それらは、自己意識の無限の高さの階層への覚醒を要請している（4から：あることを知っていれば、そのこと自身を知っている、さらに、そのことを知っていることを知っていることを知っている……。5と4から：あることを知らなければ、知らないということ自身を知っている、さらに、そのことを知らないということを知らないということを知っていることを知っている……）。4は、ヒンティッカ（Hintikka, 1962）が、彼特有の認知論理のシステムから、それを**KKテーゼ**（*KK-thesis*）と呼び擁護している。しかし、これにも批判がある。[12]

　弱バーカン公理B_wは、「事象Eが起きたことをiが知っているならば、iはEの任意の論理的帰結も知っている」（＊）ことを要請しているのだった。構文論においては、演繹的閉包の公理K：$(K_i p \land K_i(p \rightarrow q)) \rightarrow K_i q$ と「認知化の規則」と呼ばれる推論規則RN：$\vdash p \Rightarrow \vdash K_i p$ をあわせて**論理的全知**（*logical omniscience*）の要請と呼んでいる。KとRNから、（＊）

に対応する（$(p \to q) \wedge K_i p) \to K_i q$ が導かれる（$(p \to q) \wedge K_i p$）を仮定しよう。ただちに、$p \to q$。RNから、$K_i(p \to q)$。これと$K_i p$より、Kを使えば、$K_i q$)。Bwは推論能力の完全性を要請しているが、実際の人間は情報処理能力において限界があるという「限定合理性」（*bounded rationality*）の立場からの批判が、古くから経済学にある（March and Simon, 1958）。最近では、ヴァルディ（Vardi, 1986）やストルネイカー（Stalnaker, 1991）が論理的全知の要請を批判している。ストルネイカーによれば、論理的全知の要請を含んだ信念の論理は、無制限のメモリ容量、無限の計算力、速度をもつ「理想的知者」（*ideal believer*）の論理である。

バカラック（Bacharach, 1985）が指摘しているように、Nから5までから成る認知モデルは、いわゆる「**超-合理的人間**」（*hyper-rational persons*）の知的能力を記述している。それは現在のゲーム理論のある部分の標準的なプレーヤーモデルではある。しかし、知識の概念に対する要請群としては強いものであることは否定できない。オーマン以後、形式的言語を駆使することにより、きちんと定義されたかなりの数の命題を厳格に提示することにゲーム理論は成功したが、その代償としてかなり強い知識の概念（もしくはプレーヤーモデル）を前提することになった。

註

（1）一九六七年にハーバード大学で行ったウィリアム・ジェームズ記念講演においてポール・グライスが共

有知識に近い概念を用いていたと言われる。グライスは、会話の中で人が文字通り「言う」事柄と含意もしくは示唆する事柄を区別し、後者を「(会話の)含み」(*conversational implicature*)と名づける。たとえば(グライスの例)、AとBが銀行員になった共通の友人Cの話をしていて、AがBにCの仕事ぶりをたずねたところBが「ええ上出来だと思いますよ。彼は同僚のことが気に入っているし、まだ刑務所にも行っていない」と答えたとしよう。通常の場合、「まだ刑務所にも行っていない」という発話は奇妙であり、そのように言うことでBが何か別のことを言おうとしているとAは受け取るであろう。この何か別のこと――たとえば「Cは何か不誠実なことをやりかねない人間であること」――が「まだ刑務所にも行っていない」というBの発話の「含み」である。さらに、グライスは会話の含みが成立するための条件群の定式化を行ない、それらの条件の一つとして(この例で言えば)「Bが〈Cは何か不誠実なことをやりかねない人間である〉と考えていることをAが推定しうることをBが知っていて、しかも、そのことをAが知っていることをBは知っている」という相互的な知識構造が必要であることを指摘している(Grice, 1989, 邦訳、三四‐四五頁、および「解説グライス紹介」(飯田隆)、三五〇頁)。この構造は「知っている」が無限回登場する共有知識の概念そのものではないが、概念の使用意図を考えれば、それとさほど変わらないと言ってよかろう。グライスの議論を受け継ぐ非形式的分析が「談話分析」(*discourse analysis*)である。これは、本書で扱う形式的分析とは異なる、共有知識論の「もう一つの」伝統である。これについてはSperber and Wilson(1986, 邦訳、一九九九年)を参照。

(2)この例は、反復的知識命題の無限連言から成る共有知識と反復的知識命題の有限連言との間にはっきりした違いがあることの例証となっている。牧師の発言以前にあって、「全員がEを知っている」ことや「CがEを知っていることをBが知っている」、「BがEを知っていることをCが知っている」「AがEを知っていることをBが知っている」等が成り立つ。しかし、上で見たように、「CがEを知っていることをBが知っていることをAは知っている」は成り立たない。したがって、婦人たちは自分の顔の汚れに気づかない。牧師の発言がEを共有知識にしたことによってはじめて、婦人たちは上の推論によって、そのことに気づく。この相違をさらに際だたせる議論に、ルービンシュタイン（Rubinstein, 1989）の「電子メールゲーム」がある。なお、ここでとりあげた例にはいくつかの翻案がある。ここではビンモア＝ブランデンバーガー（Binmore and Brandenburger, 1990）によった。

（3）認知論理S5は、命題論理に「iは知っている」ということがらをあらわす、命題上の作用素K_iを追加し、K_iに関するいくつかの公理と推論規則を与えることにより構成される認知論理の体系の一つである。そのような体系の中で基礎的なものの一つが認知論理Tである。これは、公理として、A1（真理の公理 *truth axiom*）：$K_i p \to p$、A2（演繹的閉包の公理 *deductive closure axiom*）：$[K_i p \wedge K_i(p \to q)] \to K_i q$を、また、推論規則として、R（認知化の規則 *rule of epistemization*）：$\vdash p$ならば$\vdash K_i p$（pが証明されたならば、そこから$K_i p$を結論してよい）を命題論理に追加したものである。Tに、公理A3（正の内省公理 *positive introspection axiom*）：$K_i p \to K_i K_i p$を追加した体系が認知論理S4である。そして、Tに、公理S4（負の内省公理 *negative introspection axiom*）：$\neg K_i p \to K_i \neg K_i p$を追加した体系がS5である。S5からA3が演繹されるから、S5はS4を含み、またS4はTを含む、という関係が成立する。ここで挙げたいくつかの体系をふくむ他の体系とそれらの相互関係については、Chellas（1980）を参照。また、認知論理とゲーム理論との関連については、Walliser（1992）を参照。

（4）E＝「アリスの顔が汚れている」＝{2, 5, 6, 8}とすれば、$K_A E$＝{2}である。

（5）E＝「Aの顔が汚れている」（＝{2, 5, 6, 8}）のとき、$K_B E = K_C E = E$だから、「Aの顔が汚れている」は（ω_8における）BとCにとっての自明事象である。

（6）「顔の汚れた婦人が客車の中にいる」は（牧師の発言の後、ω_8において）共通自明事象である。また、

Bwより、状態空間Ωはつねに共通自明事象である。

(7)図7の(a)と(b)はそれぞれ、牧師と三人の婦人の例において、牧師が発言する前と発言後のA、B、Cの可能性集合の集合である（図7-(a)、(b)）。

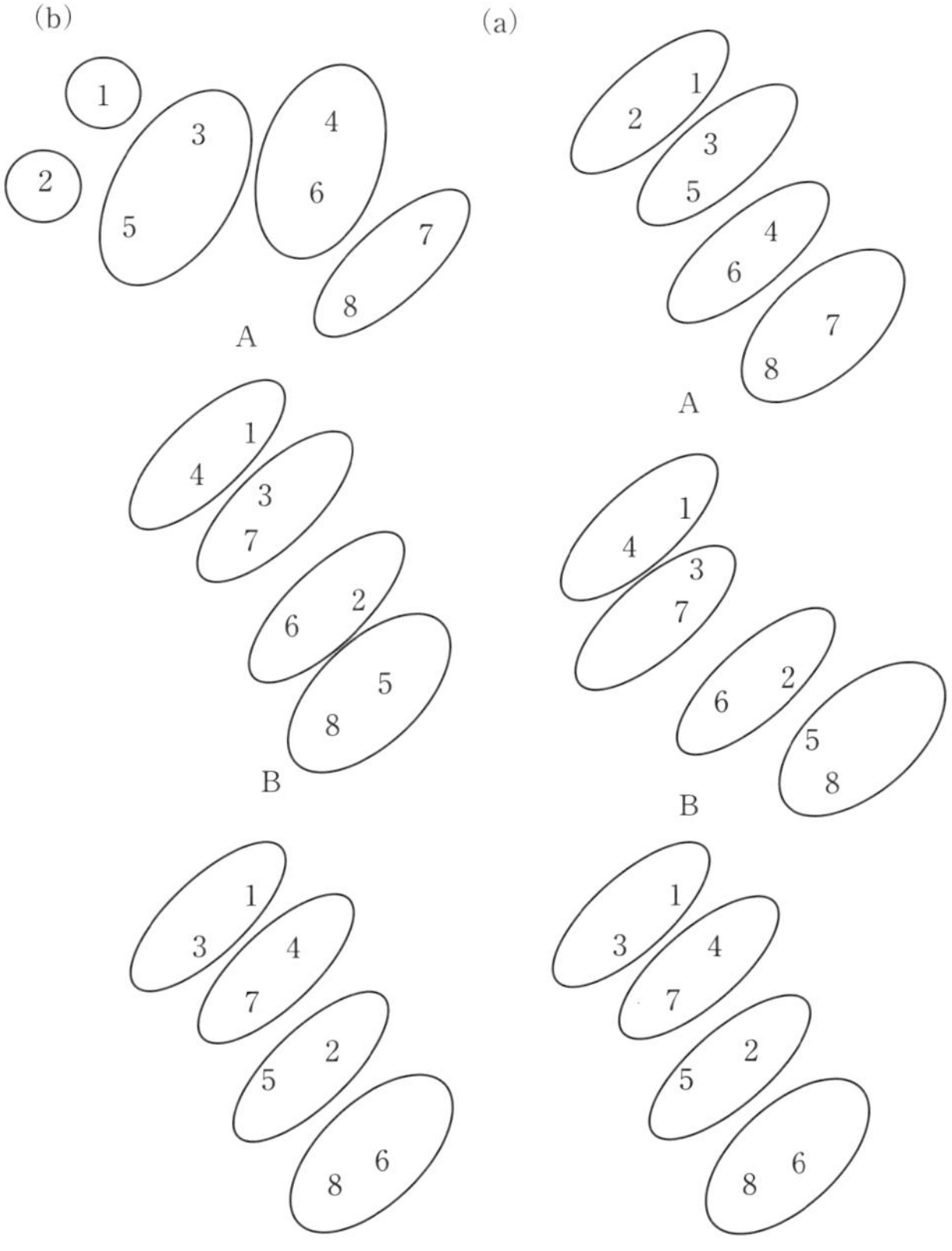

図7

また、図8はそれぞれ、ⓐとⓑの場合の共通可能性集合の集合である（図8-ⓐ、ⓑ）。

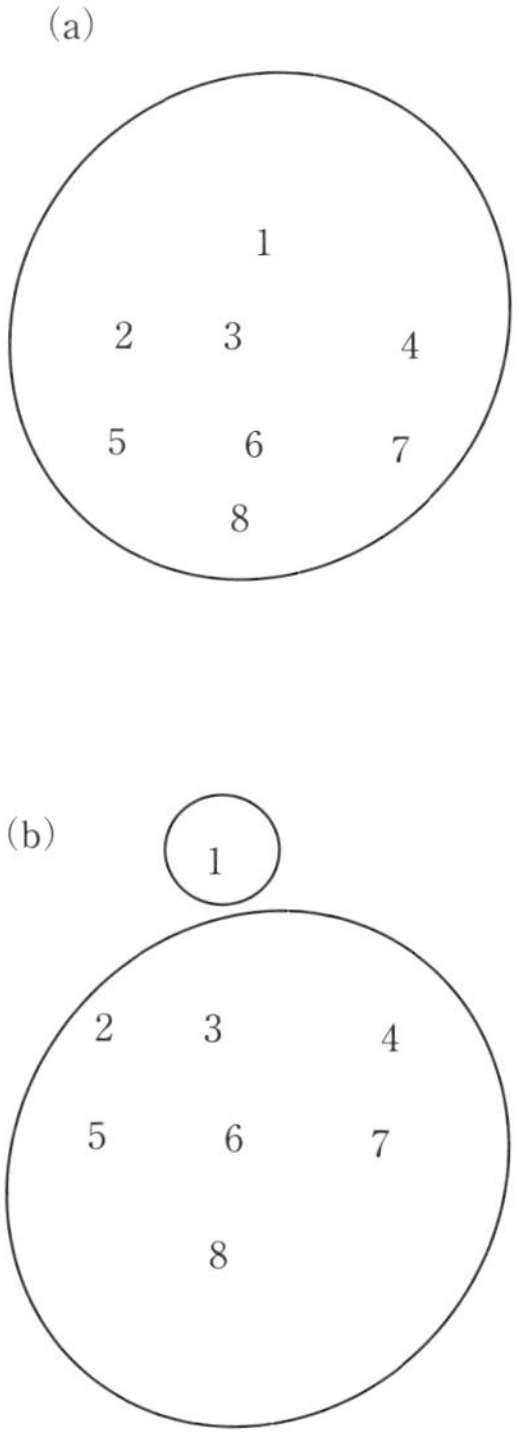

図 8

ⓐにおいて、たとえば、Aは1と2を識別できないから、$P_A(1) = P_A(2) = \{1, 2\}$。ⓑにおいては、牧師の発言が信用できるという仮定のもとで、Aは自分の顔が汚れていることを推論できるから、$P_A(1) = \{1\}$、$P_A(2) = \{2\}$。

たとえばⓑの場合、P(2)は次のように求められる。P(2)はまず2を含む。P(2)はBにとっても自明事象でなければならないから、P(2)は5も含む。さらにCにとっても自明事象でなければならないから、P(2)は8を含む。Aより7も含む。同様にして、結局、$P(2) = \{2, 3, 4, 5, 6, 7, 8\}$。

（8）ただし、正確には、ハーサニ（Harsanyi, 1967-1968, p. 497）は次のように書いている。「様々なプレーヤーたちの（事後）確率分布の間のズレはつねに、かれらが用いている（事前）確率分布の間のズレの結果である。他方、（事前）確率分布間のズレ自身は、しばしば、異なるプレーヤーが利用可能な**情報における差異**により説明可能である」（強調は原文のまま）。後の文章における「しばしば」を「つねに」に置き換えたのが「ハーサニ・ドクトリン」であることになる。

(9)オーマンは不合意定理を証明するにあたり、次の二つの基本的仮定を用いている。

① 各プレーヤーは情報分割をもつ（換言すれば、各プレーヤーの情報集合の族はΩの分割となる）。

② 各プレーヤーは共通の事前確率分布をもつ。

オーマンは①が強い仮定ではないことを主張しているが（神山（1992）参照）、同時に、彼は、同じ論法を使って、②についても何ら強い仮定ではないと主張している。②はハーサニ（Harsanyi, 1967-1968）以来の仮定でふつう「**共通事前分布の前提**」（*common prior assumption*）と呼ばれている。「各プレーヤーは共通の事前確率分布をもつ」とは、各プレーヤーの事前確率分布が添え字付きの Pr_i（・）ではなくPr（・）で記述されるという要請、すなわち、各プレーヤーの確率信念は彼の個人として諸特徴（先入観、理論等）に依存しないという要請である。サベッジの期待効用理論では、効用関数と確率関数が同時に導出される。効用関数については、それは各プレーヤーごとに本質的に異なる、すなわちそれは添え字付きの u_i（・）として記述される（さらに、異なるプレーヤーの効用関数は一般には比較不可能である）と認められているにもかかわらず、確率関数について異なる扱いがなされるのはなぜか、という批判が共通事前分布の前提に加えられている。この問題についてはMorris（1995）を参照。

(10)各戦略の定義については西原（1991）を参照。なお、ここでの整理も西原（1991）によっている。

(11)神山（1992）参照。

(12)KKテーゼによれば、知っているためには知っていること自身を知っていなければならない、さらにそのこと自身を知っていなければならない、以下無限。しかし、これは不可能。よって、KKテーゼを要求する限り、誰も何も知らない、とならざるをえない。

補遺I　ヒュームの懐疑論的論証

ヒュームが『人性論』(*Treatise* と略) や『人間知性研究』(*Enquiry* と略) において展開した懐疑論的論証を詳しく述べれば次のようになる (Ayer, 1972, pp. 3-6)。

ヒュームは知識を二種類に分ける。ひとつは「知識」(*knowledge*) であり、いまひとつは「蓋然的知識」(*probability*) である。前者は経験によらず真偽を決定することのできる知識 (たとえば、代数学上の命題) をさし、後者はそれ以外の知識をさす。ヒュームが問題にするのは、後者すなわち蓋然的知識の正当性である。

ヒュームが論証の出発点に置いた仮定は次のものである：経験的な事実 (*matter of fact*) に関する命題が真であることを信ずる理由をわれわれがもつのは、その命題が記述する事実をわれわれが現在知覚しているか、または記憶している何事かに結びつけることができる場合に限る。ある与えられた時刻において人が知覚しているもの、または、以前知覚したことをそのとき記憶しているものを、「データ」という中立的なことばで呼ぶことにしよう。ただし、その際データとは何かは問わないこととする。いかなる知覚理論をとろうとも、データの範囲は非常に狭いものとなろう。ヒュームは次のように主張する：問題の時刻において、データではない事実が成立していることを信じる理由をわれわれがもつのは、その事実がわれわれが所有しているデータと法則的に結びついていることを信じる理由をわれわれがもつときに限る。彼は、このことを「事実に関する推論はすべて原因と結果の関係に基づいているように思える」(*Treatise*, p. 74) という言い方で表現している。

彼はここで、そのような法則的な結びつきが存在することについてのわれわれの信念がはたして合理的に正当化されうるかどうか、という問題を提起する。そして、われわれのそのような信念は合理的に正当化されえない、という証明を提出する。

その証明は以下のような九つのステップから成る。

(1) ある事実から他の事実への推論は決して演繹的ではない。これは、推論が完全に整備されたときにも、整備された諸前提から結論が論理的に妥当な仕方で導かれない、ということを言っているわけではない(「p」と「もしpならばq」から「q」が導かれることには問題はない)。そうではなく、「もしpならばq」という命題が、「p」と「q」により言い表される二つの事象間に想定される事実的結合関係を表すものであるときには、いつでも経験的な命題であり、その限りで矛盾をおかすことなく否定されうる、ということを言っているにすぎない。ヒュームはこのことを言い表すのにいろいろな言い方をしているが、その一つが次のものである。「原因と結果の関係に関する知識は、いかなる場合でも、アプリオリな推論によっては得られず、完全に経験に由来する」(*Enquiry*, p. 27)。

(2) 事象間に綜合的で必然的な結合関係なるものは存在しない。もちろん、ヒュームは直接このような言い方はしていないが、つまるところ結局このような主張をしている。事象AとBが何であるにせよ、もしあるケースにおいてAがBに対しある時間-空間関係にあることが知られたとき、そのことがただちに、AとBと同じタイプの事象が任意の他のケースにおいても同じ仕方で結びついていることを論理的に含意すると主張することはできない。Aは必ずBに伴われ「ねばならない」ことが「見える」などということはない。われわれにそのような眼力が欠けているから見えないのだということではなく、見られるべきそのような関係などおよそ存在しないのである。このタイプの「ねばならない」にはいかなる意味も与えることはできない。

(3) したがって、Aが観察され、Bがまだ観察されていない場合、Aと特定の時間-空間関係にあるBが存在することを信じるに際してわれわれがもちうるただ一つの根拠は、AとBとが常に相伴っていたという過去の経験である。

(4) しかしながら、明らかに、「AとBのタイプの事象がこれまでいつでも相伴って見出された」あるいは(もっと短く)「これまで観察されたすべてのAはBとの間にRという関係にあった」という前提から、「すべてのAはBとの間にRという関係にある」または「次に観察されるAはBとの間にRという関係にあるであろう」という結論への推論は、形式的には妥当ではない。ここには「帰納的飛躍」とでも呼ぶべきものがある。

（5）その推論を妥当なものにするには、過去において成立してきたものは未来においても成立し続けることを保証する別の前提が必要である。『人性論』におけるこの原則のヒュームによる表現は、「未だ経験していない事例は経験済みの事例に似ているにちがいない、自然の過程はいつも斉一的に同一に続く」(*Treatise*, p. 89)。

（6）しかし、事実に関するわれわれの推論のすべてがこの原則に基づいているのならば、事実に関する推論の正当化のためには、原則そのものが正当化可能であることが不可欠である。しかし、その原則自身について一体どのような正当化が可能であろうか？それを正当化するための演繹的な証明はありえない。明らかに、それは論理的真理ではない。ヒューム自身の言葉では：「自然の過程についてわれわれは少なくとも変化を思い浮かべることができる。このことは、そのような変化が絶対的に不可能であるわけではないことを十分に証明する」(*ibid.*, p. 89)。

（7）その原則を演繹的に証明することはできないとしても、少なくともそれが確からしい(*probable*)ことは示せるかもしれない。しかし、確からしさの判断も何等かの基礎をもたねばならない。そして、その基礎はわれわれの過去の経験にのみありうる。自然の過程は斉一的に同一に続くことは確からしい、と言えるためにわれわれがもちうるただ一つの根拠は、そのことがこれまで成立してきたことをわれわれが見てきたということである。しかし、この議論は循環している。ヒュームを再び引用すれば‥「確からしさの判断は、これまで経験済みのものと未経験のものとの間の類似の仮定に基礎を置いている。したがって、この仮定が確からしさの判断に由来することは不可能である」(*ibid.*, p. 90)。

(8) 自然の斉一性の原理を用いずに、一つの事実から他の事実への推論は演繹的に証明可能ではないが堅固な推論(*solid reasoning*)に基づいたものであることを示しうる、とする他のいかなる議論に対しても同じ異論があてはまるであろう。再び、この堅固さの判断は何らかの基礎をもたねばならない。しかし、この基礎はわれわれの過去の経験にのみ存しうる。すると、われわれがいま避けようとしているまさにその原則をわれわれは仮定せざるをえない。これに対しては(循環論法であるという)上と同じ異論が成立する。

(9) したがって、事実に関するわれわれの信念が基づいている推論は形式的には妥当ではないから、そしてそれらの推論が導く結論は循環をおかさずには確からしいとさえ示されえないから、それらの結論に対してはいかなる合理的な正当化もない、ということをわれわれは認めなければならない。

結局、事実から事実への推論は「理性」（*reason*）に基礎をもつものではない。「すべての蓋然的推論は一種の感情（*a species of sensation*）にすぎない」（*ibid.*, p. 103）。われわれはそのような推論をおこなう習慣をただもっているにすぎず、ただそれだけである。論理的には、われわれは完全な懐疑主義者であるべきであるが、実際にはわれわれは、われわれの自然な信念に導かれ続けるであろう。

以上の議論はしばしば、「ヒュームの因果批判」として言及される。たしかに、原因と結果の間の必然的関係を否定する議論はある（ステップ(2)）。しかし、それはヒュームの議論の一部にすぎない。それは全体として、知覚とその記憶という狭い領域を超えた信念全体に合理的な正当化がないことを言おうとしている。この論証についてエイヤーは、「その結論をどう考えるかは別として、これは驚くべき論証である。これまでなされた哲学的論証のなかで最も輝かしい論証の一つであり、また最も大きな影響力をもった論証の一つである」と評している（Ayer, *op. cit.*, p. 6）。

補遺Ⅱ　純粋理性のアンチノミー

カントが『純粋理性批判』で展開した「純粋理性のアンチノミー（二律背反）」論は名高い。それは、

世界の時間的・空間的無限性
物質の分割可能性
自由の存在
神の存在

のそれぞれについて、互いに両立しない二つの命題があり、それぞれの命題が矛盾を含む、という指摘である。いずれかが正しいはずなのに、両方とも正しくない、と結論されてしまう。具体的にはアンチノミー（*Antinomie*）は次の四種類である。

（1）世界は有限（時間的、空間的に）である／世界は無限である。
（2）世界におけるどんな実体も単純な部分（それ以上分割できないもの）から出来ている／世界に単純なものなど存在しない（物質は無限分割可能である）。
（3）世界には自由な原因が存在する／世界には自由は存在せず、世界における一切は自然法則に従って生起する。
（4）世界の内か外に必然的な存在者（世界の起動者＝神）がその原因として存在する／世界の内にも外にも必然的な存在者など存在しない。

「／」で区分けした上下二つの命題は互いに相手の否定となっていて、論理的にすべての可能性をつくしている（世界は有限であるか、有限でないかのいずれかであり、第三の可能性はない）。

二つの可能性はどちらも矛盾に導くという議論はどのようなものか？

（1）の世界の時間的・空間的無限性について、上村芳郎氏が次のように要約している（URL＝〈http://www.ne.jp/asahi/village/good/kant.html〉2014.6.10）。

「世界は時間において始まりを持ち、空間からみても限界に囲まれている」というテーゼ（の前半）の証明は、次のようにして（背理法を用いて）行われる。「なぜなら、世界が時間において始まりを持たないと仮定せよ、そうすれば、与えられたどの時点までにも永遠が経過し、従って世界における諸事物の次々に継起する諸状態の無限の系列が流れ去ったことになる。しかしながら、系列の無限性というのは、継続的な総合によっては決して完結されえないという点にその本質がある。それゆえ、無限の流れ去った世界系列というのは不可能であり、よって、世界の始まりは世界が現に存在するための必然的な条件である。これが最初に証明されるべきことであった。」（＊）

（＊）について上村氏は次のように解説している。

直訳しましたが、普通に読むと理解できないでしょう。「無限」という言葉の意味が、現代の用法とは違うからです。カント（あるいはカントが批判している形而上学者たち）は、「無限（*unendlich*）」という言葉を、文字通り、「終わり（*end*）のない」＝「どんな限界（制約）も持たない」という意味で使っています。そういう意味では、ある時点で（その時点で終わっていますから）「無限の世界系列が流れ去った」というのは、矛盾しているわけです。

逆に、

「世界は始まりを持たず、空間においても限界を持たない。時間という点からみても、空間という点からみても、無限である」というアンチテーゼ（の前半）の証明も、次のようにして行われる。「なぜなら、世界が始まりを持つとしてみよ、そのときには、始まりというのは一つの現存在なのだから、それ以前に、物が存在していない時間が先立っていたことになるが、そうすれば、世界が存在していない時間が、つまり空虚な時間が先行していたことになる。しかしながら、空虚な時間においては何らかの物が発生するのは不可能である。……それゆえ、世界においては諸物の多くの系列が始まりうるが、世界そのものはいかなる始まりも持ちえない。それゆえ、世界は過去の時間という点からみて無限である。」

従って、カントによれば、正反対の結論が、どちらも証明され、どちらも否定されることになる。言い換えれば、「世界は無限だ」と仮定したら、その逆の「世界は有限である」という命題が証明され、「世界は有限だ」と仮定したら、その逆の「世界は無限だ」という命題が証明されることになる。Aを仮定したら¬A、¬Aを仮定したらA、論理学では、これを矛盾と呼ぶ（¬は否定記号）。

矛盾の原因は何か？　上村氏の解説は次のように続く。

簡単に言ってしまえば、時間と空間というのは、それを介して対象が我々に与えられる感性の形式にすぎないのに、それを実在する対象の形式と思い誤ってしまう点に、こうした矛盾が生じる所以があるのである。つまり「無限」を「実無限」として理解したらダメだということである。こうして、カントは、自らの立場を、「超越論的観念論」と呼ぶことになる。

要約すれば、カントの議論は全体として次のかたちをしている。

AまたはAではない（排中律）。
Aの場合：Aではない、が導かれる。これは矛盾。
Aではない、の場合：Aが導かれる。これは矛盾。
いずれにせよ矛盾。
解釈：そもそも時空等を実在と考えるからこのような結論が導かれる。

各場合矛盾が証明されるというカントの議論をそのまま受け入れることはできないだろうが、興味深い議論ではある。私はこの議論を、ヒュームの懐疑論的論証に対する一つのレスポンスと見ている。

ヒュームの論証は、観察経験とその記憶を超えた経験的信念は正当化されるか否かを問題にしたものである。一つの信念は別の信念により正当化されなければならないと考えると、正当化系列を考えざるをえない。それについて二つの互いに排他的な可能性がある。

場合１：正当化系列は終点がない
場合２：正当化系列には終点がある

いずれの場合も当該信念は「正当化されない」、と結論するのがヒュームの論証の基本的構造である（場合１は明らかと考えたのだろうか、表面にはあらわれない）。どの場合も「観察経験とその記憶を超えたいかなる経験的信念も正当化されない」という常識離れした困った結論がえられるというのがヒュームである。カントでは、いずれの場合も「論理的矛盾」というさらに困った結論がえられるという話になっている。カントがヒュームを読んで「独断のまどろみから目覚めた」と述懐しているという話は有名である。カントは、正当化の正当化を求めるという「純粋理性の自由な行使」が袋小路、破壊的結論に導くことをヒュームから読み取ったと思う。同様の構造をもつ議論が西洋形而上学の伝統の中核にあることに気づき、それを四つのアンチノミーとして整理した。ヒュームの論証には多くのタイプのレスポンスがあるが、カントのアンチノミー論はその中でも最も豊かなレスポンス、クリエイティブなレスポンスであると私は思う。

「カント自身が、アンチノミーという深刻な事態に気づいたのを直接のきっかけとして、『純粋理性批判』の執筆に思いいたった、と率直に告白している」(「カントはよみがえる/石川文康」URL =〈http://www.chikumashobo.co.jp/blog/pr_chikuma/entry/193/〉2014.6.10)。発想の道筋としては、ヒュームの懐疑論的論証―四つのアンチノミー―超越論的観念論、という筋がストレートに通る。

より拡大された問題の枠組みの中でカントが提出した解決策――自然が知性に従っているという超越論的観念論(カントの言う「コペルニクス的転回」)――についてラッセルは『西洋哲学史』の中で、独断から目覚めたカントは自分用の催眠薬をつくってまたぐっすり寝入ってしまった、といった評価を下している(Russell, 1961, p. 678)。カントは、ヒュームが自分の独断論のまどろみを破ったと告白しながら、ヒュームについて、それは「哲学を独断論の浅瀬に乗り上げることから救ったが、懐疑論という別の浅瀬に座礁させた」と批評している(『プロレゴメナ』序文)。ラッセルの批評はこれへの皮肉だろう。

補遺Ⅲ　規則遵守のパラドクス

クリプキのウィトゲンシュタイン『哲学探究』解釈（Kripke, 1982）以来注目を集めることになった問題に「規則遵守のパラドクス」（*the rule-following paradox*）がある。クリプキの解釈によれば、『哲学探究』の核心をなすのは次のような議論である（彼の解釈が適切か否かについては議論がある。適切ではない——ウィトゲンシュタインは以下の議論の結論を否定していた——という解釈が標準的である。しかし、ウィトゲンシュタイン解釈を離れても興味をひく議論である。より詳しくは飯田（2004）参照）。

われわれは、多くの規則（何でもよい——たとえば、足し算、かけ算等の演算規則でもよい）に実際従っているし、またどのような規則でもそれがよほど複雑なものでない限りそれに従うことができる、と考えている。しかし、どうしてそれは可能になるのか。

たとえば、「プラス」という通常の足し算を考えよう。私はこれまで数多くのプラス演算を行ってきた。いま、68＋57という計算の答えを求めようとしているとしよう。私はこれまで行なってきた計算の延長上に「125」と答えるであろう。しかし、なぜ答えは「5」ではないのか。私がこれまで行ってきた演算は——簡単のため、私はこれまで57より大きい数の加法を行ったことがないとしておこう——、

もし x, y＜57 ならば、x ＊ y＝x＋y
そうでなければ、x ＊ y＝5

という演算＊であったかもしれない。この演算＊を「クワス」と呼ぼう。私のこれまでの行為は、論理的には、プラスという演算規則に従った行為とも、またクワスという演算規則に従った行為とも理解できる。私がこれまで行ってきた演算はクワスではなくプラスであり、現在の68＋57の正しい答えは5ではなく125である、と主張するに足る理由を提出できるか。「私は＋でふつうの加法を意味してきたのだ」（だから、＋の使用法を変更しようというのでない限り、68＋57という計算の正しい答えは125なのだ）、というのが予想される解答であろう。しかし、「私は＋でふつうの加法を意味してきたのだ」ということを裏付ける事実があるか。もしそれがあるとすれば、私の意識内かこれまでの私の行動様式においてであろう。私の意識内のいかなる状態、出来事を探してみても求める事実はなかろう。仮定より私は68＋57という計算をこれまで行なったことはなかったのである。神のような全知の存在者を持ち出してもか

まわない。彼でさえ「意味する」ないし「意図する」を構成する事実を意識内に発見できはしまい。事実として存在するのは、私のこれまでの計算結果だけであることになるが、それは再び仮定よりプラスの計算ともまたクワスの計算とも解釈できる、いずれの解釈とも完全に両立する。

すると、68＋57という計算をするとき（すなわち、規則を新しい事例に適用しようとするとき）、私は「暗闇の中での正当化されない跳躍」を行っていることにはならないか。さらに言えば、プラスという語を用いることにより何か特定の事柄を意味する、というようなことはない、ということにならないか。

このいささか意表をつく議論をつきつけられたとき、まず思いつくのは次のような反論であろう。

反論1（繰り上げ算）

「これまで行なってきた57より小さい数同士の計算（これまでの規則性）を単純に外挿して68＋57＝125と私が答えるわけではない。私がプラスで加法を意味するのは、私が小学校で特定の仕方で（たとえば「繰り上げ算」）算数を習ったからだ、そしてその計算法をこの場合に適用すれば正解は125になるのだ」。

しかし、その計算法は本当に繰り上げ算だったのか。もしかすると、クワス風の方法だったのかもしれないではないか。つまり、57より小さい数同士の計算においては繰り上げ法で、それ以外の場合はそれとは異なる計算結果をもたらす計算法だったかもしれない。もしそうなら、加法に関する問題が他の規則に関する同様の問題に移されたにすぎず、問題の解決にはならない。

反論2（傾性への訴え）

「「私は＋でふつうの加法を意味してきたのだ」ことを裏付ける事実を、実際に生じた心の状態に求めようとしているところに誤りがある。私が「＋」によってプラスを意味していたということは、いかなる和「x＋y」に対し答えが求められたときでも、その答えとしてxとyの和を与えるよう私が傾性づけられていた、ということである。二つの仮説を区別するところの傾性的事実（*disposition*）が私において存在したのだ」という議論もありうる。

実際に起こった事実を超えてある事柄について語る（「事実」の範囲を広げる）ことを許すように見える点でこれは魅力的な提案だが、正しくない。なぜならまず、われわれの傾向性は有限である。すべての計算例についてその正しい計算結果を与えるような傾向性をわれわれはもたない。第二に、それは規則遵守行動に含まれる規範性を説明しない。その説明がいうことは、「125が君が与えるように傾性づけられている答えであり、125がまた過去における君の答えでもあったであろう」ということだけで、125が単なるビックリ箱の勝手な反応などではなく、私が自らに与えた指示によって正当化されている答えであったということを説明しない。

反論3（単純性）

「私はプラスを意味していた、という仮説は、最も単純な仮説として選ばれるべきである」という応答もありうる。

しかしそれは、その仮説も対立仮説もともに純粋に事実に関する仮説ではないことを見損なっている。われわれの所有する知識の有限性から生じる認識論的懐疑論は、ここでは問題ではない。上の議論で指摘されているのは、利用しうる全ての事実を手に入れることのできる全知の存在者でさえ、プラス仮説とクワス仮説を区別するいかなる事実も見出せない、ということである。そのような全知の存在者にとって単純性への顧慮は意味をもたない。

反論4（クオリア）

「私が「+」によって加法を意味している、ということは、内観によって知られるところの独特の質（*quale*）をもち、他に還元不可能である、つまり、特定の規則に従っているということは自分の心の中を覗き込むことにより直接とらえることができるのだ、何か事実があってそれから推論されるというものではない」という応答もあるかもしれない。

しかし、内観によりとらえられるのはあくまで有限な状態である。クワス風な仕方で解釈されることのありえない有限な状態で、任意に大きな数の加法にクワス風でない答えを与える心の状態というのはやはり神秘的である。規則に従うという事に随伴する特殊な経験が存在する、という考えは幻想であろう。

結論

他の規則に頼ることはできないし、私の心の状態や過去の行動、さらに傾向性も求める事実を与えないから、結局、65＋57という計算の正しい答えが5ではなく125であることを保障する事実はない、と結論せざるをえない。ここでの議論は一般の規則遵守行動についても同様に展開できるから、一般に、われわれは規則に従うことはできない。われわれは、規則に従っていると思っているとき、実際は暗闇の中での正当化されていない跳躍を行なっているにすぎない。言語表現により誰かが何か特定の事柄を意味する、ということはない。

われわれは一般に規則に従うことはできない、語により特定のことがらを意味することはできない、というのは途方もない結論である。それは「語や文の意味は何か」を主要な問題にすえ、それに答えようとしてきた哲学的伝統（言語哲学）への挑戦でもある。クリプキは、「ウィトゲンシュタインは、懐疑論のある新しい形を発明したのである。個人的には私はそれを、今日まで哲学が見て来た最も根源的で独創的な懐疑的問題である、と見なしたいと思っている」と述べている（Kripke, 1982、邦訳、一一七頁、一部略）。

コリン・マッギン（McGinn, 1984）はこの主張に懐疑的である。「なるほど確かに、ある記号に対する私の過去の使用は、私がかつて意味していたことに対する懐疑的な代案を論理的に排除しうるものではない。だが、これは推論的なものとされる知識の場面では周知の認識論的問題ではないだろうか。実際、これは本質的に帰納的知識、すなわちわれわれの直接の観察を超越していることについての知識に関する標準的な認識論的問題なのではないだろうか」（McGinn, 1984, 邦訳、四八頁）。「論点は、この種の懐疑論は長い間われわれが問題にしてきたものに他ならないということ――それゆえ、現実の使用が意味を決定しないということは本質的に新しい問題を何も提起していない、ということにある」（上掲書、一四八頁）。

先に見たように、この問題についての代表的論客の一人であるクリスピン・ライトは、近代の代表的な懐疑論の中に規則遵守のパラドクスを含めていない。

規則遵守のパラドクスにウィトゲンシュタイン自身はどのように答えたのだろうか。クリプキの解釈は次である。

ウィトゲンシュタインは、懐疑論的論証の正しさを受け入れた上で、規則に従うことが実際に可能になる根拠を、共同体による是認に求めている。

一定の行為が規則に従った行為となるのは、その行為そのものにそなわる性質や行為者の内的意図によってではなく、それがそのようなものとしてまわりの人々に是認されることによってである、というのが彼の説明である。「規則に従うということ、それは命令に従うことに類似している。人はそうするように訓練され、命令には一定の仕方で反応する」（二〇六節）。

ある人が共同体が正しいとみなす特定の反応をしないならば、その共同体は、彼はその規則に従っていない、とみなすようになる。そうでなければ、仲間に入れる。これが実際にうまくゆくことは、われわれは相互に反応において一致している（われわれは「生活形式」において一致している）、というそれ以上遡れない経験的事実に基づいている。

この立場（共同体説）では、懐疑論的論証は「共同体から離れた個人として考えられる限り」人は規則に従うことはできない、つまり人は単独では規則に従うことはできない、という正しい主張として理解される。

規則遵守のパラドクスに対するこの対応をクリプキは「懐疑的解決」（*skeptical solution*）と呼んでいる。

結語

科学的知識という言葉がある。この場合の知識とは何だろう。「惑星は太陽の回りを楕円軌道を描き公転する」という命題が科学的知識、すなわち知識の例であることは間違いないだろう。すると、知識とは命題のなかのあるもの、ということになる。また、「惑星は、太陽の回りを楕円軌道を描き公転する」は誰かにより知られている。慎重に言えば、物理学者たちはそれを知っている。すると、知識とは「(誰かに) 知られた命題」であることになる。それでは、「命題がある個人により知られている」あるいは「個人Sが命題pを知っている」とは何だろうか。これは古代以来の知識論の基本問題の一つである。

個人Sがpを知っているとは、Sがpに対する正当化された真な信念 (*justified true belief*) をもっている、ということである、という解答は「知識の標準的分析 (あるいは伝統的分析)」と呼ばれる。標準的分析周辺には次のような問題がある。

(1) 正当化された真な信念ではあるが、直観的には知識と認められないものがある (ゲチアの反例)。

(2)「個人Sが命題pを知っている」は多くの場合、発話状況にかかわらず同じ意味をもつと想定されているが、そうだろうか。発話文脈とともに意味が変わるのではないか(文脈主義)。

(3)知識の可能性に関する一般的な論証があり(「培養槽の中の脳」仮説を使った懐疑論的論証)、それによれば、外部世界について誰も何も知らない。

(4)「正当化された」という要求に対し論証があり(アグリッパのトリレンマ、帰納に対するヒュームの論証)、それによれば世界についての大部分の信念はそもそも正当化されえない(したがって知識ではない)。

(1)はゲチアの挑戦(問題提起)である。それに対して、「知るとは、阻却不能な正当化された真な信念をもつことである」という立場(阻却可能性分析、そのオリジナルな形態)を擁護した。この立場はゲチア型の反例から免れているが、強すぎて「誰も何も知らない」という懐疑論に陥ることが指摘されてきた。そう考える必要はないことを指摘した(第1章、第2章)。(2)は文脈主義者からの挑戦である。これに対し、知識帰属文の真理条件と主張可能性条件を区別することにより、不変主義(古典的不変主義)を擁護した。不変主義によれば、「知る」は文脈によらず、常に一定の意味をもつ、文脈により変動するのは主張可能性である(第3章、

第4章、第5章)。

(3)、(4)は懐疑論者からの挑戦である。これらに対し、かれらの議論は懐疑論的結論を樹立するのに十分ではない、したがって、外部世界の実在や帰納の正当性について疑わない権限(反省的ネガティブ・エンタイトルメント)がわれわれにある、ということを示した(第6章、第7章、第8章、第9章、第10章)。

本書は全体として、(知識の弱阻却可能性分析を擁護することを通して)世界と知識についての自然な見方——外部世界は実在し、そのある部分についてわれわれは正当化された信念、知識をもつ、という見方(物理的自然主義とは異なるある種の自然主義——「反省的自然主義」)を擁護している。本書の見方は、自然な見方に対する懐疑論を論駁することを通してえられている、という点で自然な見方(常識)と異なる。

確実性をどのように捉えるかはムーアやウィトゲンシュタインが取り組んだ問題であった(第6章)。われわれの信念のある部分は確実であろうか。確実性が主要な哲学的懐疑を免れているという意味ならばそれらは確実である、というのが本書の解答である。法然が、宗教的信について、それが疑いと相対的な概念であり、信とは疑いを免れていることである、と述べている(「和語燈録」巻第一「往生大要抄」)。信を確実性に置き換えればおおよそ本書の立場である。

あとがき

本書は、懐疑、知、共有知という三つのトピックを扱っている。三つのトピックの中で私が最初に取り組んだのは「懐疑」である。帰納の正当性に対するヒュームの懐疑にいかに答えるかは、私が認識論に関心をもつきっかけとなった問題である（私は、学部の学生時代、ラッセル（中村秀吉訳）『哲学入門』第六章を読んでこの問題に導かれた）。私の解答が第9章のかたちになったのは、二〇〇二年度科学基礎論学会年会での発表においてである。そこで回避戦略による帰納の正当化を試みた。それを論文にまとめたものが翌年の同学会学会誌に掲載された。その後、ほぼ同時期に似たアプローチがマーチン・デイヴィスによるクリスピン・ライト論文のリビューの中にあることに気づき、それとの異同を明確にするために書いたのが第7章の基礎になった論文である。外部世界の実在についてのデカルト的懐疑論への対応について考えをまとめたのは、ヒュームについての議論の発表後である。

帰納の正当化は現代認識論の中心問題ではない。多くの認識論者の近年の関心の中心は、ゲチア問題および「知る」の用いられ方についての学説である認知的文脈主義にある。それらに対する評価と提案が「知」を扱った諸章である。このテーマについては、私から見て最も魅力的なトピックと思われた文脈主義者デローズによる不変主義批判を扱ったのが最初である。第3章の内容は、二〇〇八年の科学哲学会年会において発表、その後同学会学会誌に掲載された。問題の哲学的重要性について異論がある中、今日なお認識論の中心問題の一つであり続けているゲチア問題の処理は、私にとって時期的に最も新しいものである。

「共有知識」論はこれらの議論の中で最も古いものである。一九八〇年代半ばから九〇年代にかけて私が最も関心をもっていたのは、ゲーム理論における共有知識論である。哲学的認識論の主流からは外れていたが、共有知という現象そのものは哲学的興味を強くひくものだと現在でも考えている。近年「不合意の認識論」(*epistemology of disagreement*) が注目を集めている。私見では、この議論は一九七〇年代後半以降のゲーム理論の知識分析を背景としている。補遺的章として第11章を加えた所以である。

本書は既発表の論文を基礎に、いくつかの章を書き加えて出来上がったものである。完全に論文集というわけではないが、(必要なら前の章を参照することにより) 各章ほぼ独立に読むことができると思う (たとえば懐疑論論駁に関心がある場合、第6章以下を読んでいただければよい)。本書は全体として、「近年きわめてドラマチックな復活を遂げている」と言われる現代認識論の中核をその最近の展開を含めて論じている。この分野に関心がある方々の参考になればさいわいである。

「ドラマチックな復活を遂げている」と言われる一方で、今日認識論の新しい展開が模索されている。「知る」の実際の用法についての実証的研究もその一つである。本書では否定的な立場をとらなかったが、「「ゲチア問題」問題」といって、認識論内部からもゲチア問題を中心的な問題とする傾向に見直しを求める動きもある。「認識論を見直す」と銘打った二〇一三年度日本哲学会年会のシンポジウムでもこれが問われていた。3・11福島第一原子力発電所事故により明白となった科学的知識の「構成」後に、認識論としては伝統的な論理分析の他にやるべきことがあるのではないかという問題提起である。

シンポジウムでは取り上げられなかったが、「知」や「無知」が特定の政治的意図をもって社会的に構成され、重要な（プラス・マイナスの）機能を果たしているという点に注目する認識論がある。「無知論」(*agnotology, agnoiology, the science or study of ignorance*)がそれである。スタンフォード大学のロバート・プロクター(Robert N. Proctor)がそのリーダーである。構成された「無知」の代表例としてプロクターが挙げるのは、タバコの発がん性の（企業による）意図的隠蔽である（『ガンウォーズ――いかにして政治はガンについてわれわれが知っていることと知らないことを構成してきたか』（一九九六年））。二〇〇五年には、スタンフォード大学で、プロクター夫妻により、「無知論――無知の社会的構成」と題する会議が開催されている。3・11であらわになったのは、巨大で、深刻な害を東日本の国民や環境に与え、今後も長期にわたって与え続ける原子力発電の安全性について構成された知であり、無知である。

内閣が対策会議の議事録を作成しないとか、電力会社による「やらせメール」など、あきれはてた知や無知の意図的構成がわれわれの目前で行われた。

二一世紀は知識の時代であると言われる。今日、知識をめぐる議論はさまざまなかたちをとっている。哲学的認識論の他に、認知論理、ゲーム理論における共有知の分析、『知識創造企業』(野中郁次郎、竹内弘高)に代表される経営知識論、エドワード・ファイゲンバウムらによる知識工学、心理学における知覚、記憶、経験、コミュニケーション、連想、推論、学びの分析、フランス科学認識論(「エピステモロジー」)、マックス・シェーラー、カール・マンハイム以来の知識社会学、文化人類学における「ローカル・ノレッジ」論(クリフォード・ギアツ)、近年インターネット関連で語られる「集合知」(*collective intelligence*)論などである。それらを広義での認識論と呼ぼう。ある意味懐疑論の最新版と見なせる無知論も広義での認識論の一つと位置づけるべきかもしれない。それら広義での認識論の全体が現代の認識論であり、その中の伝統的、基礎的部分が哲学的認識論である。これら「認識論」全体で現代の課題に立ち向かうと考えたい。

本書をまとめるに際し、多くの方々にお教えいただいた。筑波大学大学院博士課程哲学・思想研究科在学時以来、故高木勘弌先生、故永井博先生には、御指導と激励をいただいた。同大学院在学中、同大学院に出講されていた東京工業大学の吉田夏彦先生には論理学と哲学を、社会工学系の松原望先生、金子守先生からは、意思決定理論、ゲーム理論についてお教えいただいた。共有知識や意思決定について考えていたとき、神戸大学経営学部の久本久男氏や福岡大学経済学部の西原宏氏の研究室を訪問、示唆と刺激を頂いたのは楽しい思い出である。二〇〇〇年秋から半年間、私は文部省（現文部科学省）派遣在外研究員としてマサチューセッツ工科大学哲学科に滞在した。その折、ロバート・ストルネイカー教授から可能世界意味論についてお教えいただいた。ストルネイカー教授には、二〇一一年に再渡米した際、認識論（本書第2章の内容）について話を聴いていただいた（コメントを頂戴したが、内容に同意していただいたわけではない）。本書を構想するにあたり直接のきっかけになったのは、同大学滞在中聴講したジョン・ギボンス（現ネブラスカ－リンカーン大学）による認識論の講義である（「培養槽の中の脳」に関する彼の講義を聞いて書いたノートが本書第8章の出発点となった）。また、ハーバード大学のスザンナ・シーゲルとジェームズ・プライヤー（現ニューヨーク大学）による指標詞に関する共同セミナーに参加したことも、本書第3章を着想する上でよい経験になった。本書は『科学基礎論研究』、『科学哲学』に掲載された論文が基礎になっている。投稿時匿名の査読者からいただいたコメントが参考になった。頂戴した論文や議論等を通じて、米澤克夫氏（聖心女子大学）、立花希一氏（秋田大学）、入江幸男氏（大阪大学）、守屋唱進氏（茨城大学）、渡辺邦夫氏（茨城大学）から多くの刺激を頂戴した。哲学懇話会のメンバーである寺中平治先生、石倉恆之先生、荻原欒氏、山口正氏、杉村立男氏、飛田満氏（目白大学）には貴重なコメントと激励をいただいた。大学（院）の先輩である舘野受男先生、笹澤豊氏には、長い間叱咤激励していただいた。出版にあたっては、春秋社の小林公二氏に大変お世話になった。記して謝する次第である。

本書の執筆には思いのほか長い年月がかかった。本書を、亡き父、今年米寿を迎えた母、妻順子と四人の子どもたちに捧げる。

二〇一四年一二月七日　岩間愛宕山麓にて

神山和好

初出一覧

本書のいくつかの章は、公表済み論文を基礎にしている。次はそのリストである。

第3章………「「知る」は指標詞か」(『科学哲学』第42-2号、二〇〇九年、七五-八七頁)。

第7章………「疑いに対する疑い――ネガティブ・エンタイトルメント」(『科学基礎論研究』第一一二号、二〇〇九年、一九-二六頁)。

第8章………「水槽の中の脳型懐疑論を論駁する」(『科学基礎論研究』第一〇二号、二〇〇四年、三一-三八頁)。

第9章………「懐疑論者の不安――帰納法の問題の解消主義的解決再論」(『科学基礎論研究』第一〇〇号、二〇〇三年、五五-六〇頁)。

第11章………「「不同意に同意すること」以後」(『茨城工業高等専門学校研究彙報』第三〇号、一九九六年、一-一一頁)。

なお、第1章、第2章、第4章、第5章、第6章、第10章は、本書が初出である。

著者略歴

神山和好 *Kazuyoshi Kamiyama*

1954年、埼玉県生まれ。東京教育大学文学部フランス語学フランス文学科（フランス文学専攻）入学、同哲学科に転科し卒業。筑波大学大学院博士課程哲学・思想研究科（哲学専攻）単位取得退学。茨城工業高等専門学校講師、助教授を経て、現在、茨城工業高等専門学校人文科学科教授。専門は、哲学。著書に、『ヨーロッパ精神史』（共著、北樹出版、1986年）。論文に、「疑いに対する疑い——ネガティブ・エンタイトルメント」（『科学基礎論研究』112）、「抽象的人間：導入と考察」（『科学哲学』19）、“Lattice Structure of Knowledge and Agreeing to Disagree”（共著、*Journal of Mathematical Economics*, 27）など多数。

懐疑と確実性

2015年3月25日　第1刷発行

著　者———神山和好
発行者———澤畑吉和
発行所———株式会社 **春秋社**
〒101-0021東京都千代田区外神田2-18-6
電話03-3255-9611
振替00180-6-24861
http://www.shunjusha.co.jp/
印　刷———株式会社 太平印刷社
製　本———黒柳製本 株式会社
装　丁———野津明子

Printed in Japan, Shunjusha
ISBN978-4-393-32360-1
定価はカバー等に表示してあります

索引

あ行

曖昧語　98
アグリッパの五つの論法　219
アグリッパのトリレンマ　208
アルブリトン, R.　87
アンガー, P.　7
アンガーの不変主義　80
安全性説　45
安全性の条件　44
イージーエビデンスの問題　168
イージーナレッジの問題　167
一般性異議　90
意味論的盲目性　101
因果説　30
ウィトゲンシュタイン, L.　8
受け入れにくい連言　187
笑顔の解決　173
エンタイトルメント　159, 165
オーマン, R.　241
オケーシャ, S.　222

か行

懐疑的解決　173, 301
懐疑論的不変主義　100
懐疑論的論証　82
懐疑論に対する常識的論駁　146
懐疑論の信管をはずす　171
懐疑論のルネサンス　3
外在主義　37
回避主義　170
回避戦略　171
会話的策略　229
会話的含みの理論　111
『確実性について』　148
関心相対的不変主義　90
関連選択肢説　53
基準の問題　220
帰属者文脈主義　97
規則遵守のパラドクス　300
基礎知識　166
偽な前提の排除解　28
帰納の新しい謎　223
帰納の問題　203
ギボンズ, J.　311
偽問題　205
強認知モデル　251
共有知識　241
グッドマン, N.　222
グライス, P.　111
クライン, P.　60
クリプキ, S.　42
クワス　295
ゲチア, E.　9
ゲチア型問題　29
ゲチアの反例　26
ゲチア問題　26
「ゲチア問題」問題　49
幻惑的な反例　68
合意定理　242
公共圏　71
後方からの帰納法のパラドクス　268
コーエン, S.　10
ゴールドマン, A.　30
古典的不変主義　90
誤謬理論　228

さ行

ザグゼブスキー, L. T.　57
しかめ面の解決　174

識別の要請　33
自然化された認識論　54
自然斉一性原理　212
実験哲学　51, 123
シッファー, S.　15, 225
指標詞　79
集合知　310
主体敏感的不変主義　90
主張の確率説　94
主張の真理説　94
主張の知識説　91
純粋理性のアンチノミー　287
証拠懐疑論　158
常識実在論　142
「常識の擁護」　141
情報分割モデル　250
信頼性主義　32
スウェイン, D.　65
スタンレー, J.　10
ストローソン, P.　205
正当化された真な信念　26
セクストス・エンペイリコス　5
ソーサ, E.　39
阻却可能性分析　20, 60
阻却可能性分析のオリジナル版　61
阻却可能性分析の古典的形態　63
阻却不能　62
礎石命題　158

た行

第四の条件アプローチ　30
ダメージコントロール　236
チェーンストア・パラドクス　267
知識懐疑論　48
知識のトラッキング説　41
知識の標準的分析　20
蝶番　148
デイヴィス, W.　11, 107
デイヴィス, M.　153
程度の違いを許す形容詞　99
デカルト, R.　140
哲学的懐疑論　3
哲学的文脈　83
デローズ, K.　10, 80
徳認識論　56
ドグマチズム　147
ドレツキ, F.　38

な行

内在主義　37
ナッシュ均衡解　242
ナッシュ均衡解の精緻化　266
二重の運構造　58
日常的文脈　83, 233
認知的幸運　27
認知的文脈主義　79
認知論理　251
ネガティブ・エンタイトルメント　160
ネタ, R.　98
粘着性の条件　39
ノージック, R.　39

は行

ハーサニ・ドクトリン　259
バージ, T.　165
培養槽の中の脳　81, 179
バックワルター, W.　12
パトナム, H.　184
反省的自然主義　305
反省的ネガティブ・エンタイトルメント　170
否定神学　174
否定的ドグマチズム　150
否定の道　174
ヒューム, D.　204
『ピュロン主義哲学の概要』　5, 149
ヒルピネン, R.　60
敏感性の条件　39

不合意の認識論　308
プライヤー, J.　162, 311
プランティンガ, A.　52
文脈依存的　234
『文脈主義を擁護する――知識、懐疑論、
　　そして文脈』　117
閉包原理　180
方法的懐疑　221
ホーソン, J.　10
ポジティブ・エンタイトルメント　160
保証された主張可能性異議　88
ポロック, J.　52

ま行

ミュンヒハウゼンのトリレンマ　221
ムーア, G. E.　13, 140
ムーアの証明　154
ムーア流の応答　196
『無知――懐疑論の擁護』　100
無知からの論証　183
無知論　309

や行

ヤスパース, K.　3

ら行

ライト, C.　153
ラジカルな懐疑論　204
ラフな帰属説　119
ラフな知識帰属　120
ルイス, D.　10
ルーズな使用説　107
ローカル・ノレッジ　310

参考文献

Albert, H.（1968）: *Traktat über kritische Vernunft,* Tübingen: Mohr Siebeck.

阿満利麿（2005）:『法然の衝撃』ちくま学芸文庫。

Aumann, R. J.（1976）: "Agreeing to Disagree," *Annals of Statistics* 4, 1236-1239.

———（1987）: "Correlated Equilibrium as an Expression of Bayesian Rationality," *Econometrica* 55, 1-18.

Austin, J. L.（1946）: "Other Minds," *Proceedings of the Aristotelian Society* 20, 149-187.

Ayer, A. J.（1972）: *Probability and Evidence*, London: Macmillan.

Bach, K.（2005）: "The Emperor's New 'knows'," In G. Preyer & G .Peter（eds.）, *Contextualism in Philosophy: Knowledge, Meaning, and Truth*, Oxford: Oxford University Press, 51-89.

Bacharach, M.（1985）: "Some Extensions of a Claim of Aumann in an Axiomatic Model of Knowledge," *Journal of Economic Theory* 37, 167-190.

———（1987）: "A Theory of Rational Decision in Games," *Erkenntnis* 27, 17-55.

———（1994）: "The Epistemic Structure of a Theory of a Game," *Theory and Decision* 37, 7-48.

Baehr, J.（2012）: *The Inquiring Mind: On Intellectual Virtues and Virtue Epistemology*, Oxford: Oxford UP.

Baldwin, T.（2004）: "George Edward Moore," *Stanford Encyclopedia of Philosophy*, URL = ⟨http://plato.stanford.edu/entries/moore/⟩（2013. 3. 3）.

Becker, K.（2009）: "Reliabilism," *Internet Encyclopedia of Philosophy*, ISSN2161-0002, URL = ⟨http://www.iep.utm.edu/reliabil/⟩（2013. 3. 3）.

Berlin, I.（1958）: *Two Concepts of Liberty, Inaugural Lecture as Chichele Professor of Social and Political Theory*, Oxford: Clarendon Press.

Bernecker, S. and F. Dretske（2000）: *Knowledge: Readings in Contemporary Epistemology*, Oxford: Oxford UP.

Bernheim, B. D.（1984）: "Rationalizable Strategic Behavior," *Econometrica* 52, 1007-1029.

———（1986）: "Axiomatic Characterizations of Rational Choice in Strategic Environments," *Scandinavian Journal of Economics* 88, 473-488.

Binmore, K. and A. Brandenburger（1990）: "Common Knowledge and Game Theory," in K. Binmore, *Essays on the Foundations of Game Theory*, Cambridge, MA: Basil Blackwell, 105-150.

Black, T.（2006）: "Contextualism in Epistemology," *The Internet Encyclopedia of*

Philosophy, ISSN 2161-0002, URL = ⟨http://www.iep.utm.edu/⟩ (2012. 8. 30).

Blackson, T. A. (2004): "An Invalid Argument for Contextualism," *Philosophy and Phenomenological Research* 68, 344-345.

Blome-Tillmann, M. (2006): "The Indexicality of 'Knowledge'," *Philosophical Studies* 138, 29-53.

Bonanno, G. (1991): "The Logic of Rational Play in Games of Perfect Information," *Economics and Philosophy* 7, 37-65.

——— (1993): "Logical Representation of Extensive Games," *International Journal of Game Theory* 22, 153-169.

Bonjour, L. (1985): *The Structure of Empirical Knowledge,* Cambridge, MA: Harvard UP.

——— (1998): *In Defense of Pure Reason: A Rationalist Account of A Priori Justification*, Cambridge: Cambridge UP.

Brandenburger, A. and E. Dekel (1989): "The Role of Common Knowledge Assumptions in Game Theory," in F. Hahn (ed.), *The Economics of Missing Market and Games*, Oxford: Clarendon Press, 46-61.

Brown, J. (2005): "Adapt or Die: The Death of Invariantism?" *The Philosophical Quarterly* 55, 263-285.

Buckwalter, W. (2010): "Knowledge Isn' t Closed on Saturday: A Study in Ordinary Language," *Review of Philosophy and Psychology* 1 (3), 395-406.

Burge, T. (1993): "Content Preservation," *Philosophical Review* 103, 457- 488.

——— (2003): "Perceptual Entitlement," *Philosophy and Phenomenological Research* 67, 503-548.

Chellas, B. F. (1980): *Modal Logic: An Introduction*, Cambridge: Cambridge UP.

Chisholm, R. M. (1964): "The Ethics of Requirement," *American Philosophical Quarterly* 1, 147-153.

——— (1977): *Theory of Knowledge*, 2nd ed., Englewood Cliffs: Prentice Hall.

Chudnoff, E. (2011): "What Should a Theory of Knowledge Do?" *Dialectica* 65, 561-579.

Clark, M. (1963): "Knowledge and Grounds: A Comment on Mr. Gettier's Paper," *Analysis* 24, 46-48.

Cohen, S. (1986): "Knowledge and Context," *Journal of Philosophy* 83, 574-583.

——— (1999): "Contextualism, Skepticism, and the Structure of Reasons," *Philosophical Perspectives* 13, 57-89.

——— (2001): "Contextualism Defended," *Philosophical Studies* 103, 87-98.

——— (2002): "Basic Knowledge and the Problem of Easy Knowledge," *Philoso-*

phy and Phenomenological Research 65, 309-329.
———(2004): "Contextualism and Unhappy-Face Solutions: Reply to Schiffer," *Philosophical Studies*119, 185-197.
Comesaña, J. (2005): "Unsafe Knowledge," *Synthese* 146, 395-404.
———(2013): "Sosa on Safety and Epistemic Frankfurt Cases," in John Turri (ed.), *Virtuous Thoughts: The Philosophy of Ernest Sosa*, Dordrecht: Springer, URL = 〈http://comesana.web.arizona.edu/wp-content/uploads/2012/11/sosa.pdf〉(2013. 9. 8).
フレデリック・コプルストン (1970):『中世哲学史』箕輪・柏木訳、創文社。
Davidson, D. (1974): "On the Very Idea of a Conceptual Scheme," Proceedings and Addresses of the American Philosophical Association 47, 5-20. (reprinted in Davidson, *Inquiries into Truth and Interpretation*, Oxford: Clarendon Press, 2nd edn., 2001).
Davis, M. (2004): "Epistemic Entitlement, Warrant Transmission and Easy Knowledge," *Supplement to the Proceedings of The Aristotelian Society* 78, 213-245.
Davis, W. A. (2007): "Knowledge Claims and Context: Lose Use," *Philosophical Studies* 132, 395-438.
———(2010): "The Case for Contextualism: Knowledge, Skepticism, and Context, Vol. 1, by Keith DeRose," *Mind* 119 (476), 1152-1157.
ルネ・デカルト (2006):『省察』山田弘明訳、ちくま学芸文庫。
DeRose, K. (1992): "Contextualism and Knowledge Attributions," *Philosophy and Phenomenological Research* 52, 913-929.
———(1995): "Solving the Skeptical Problem," *Philosophical Review* 104, 1-52.
———(1999): "Responding to Skepticism," in Introduction to *Skepticism: A Contemporary Reader*, Oxford UP, URL = 〈http://www.calvin.edu/academic/philosophy/virtual_library/articles/derose_keith/responding_to_skepticism.pdf〉(2012. 9. 7).
———(2000): "Now You Know It, Now You Don't," *Proceedings of the Twentieth World Congress of Philosophy* (Philosophy Documentation Center, 2000), Vol. V, Epistemology.
———(2002): "Assertion, Knowledge, and Context," *The Philosophical Review* 111, 167-203.
———(2004): "The Problem with Subject-Sensitive Invariantism," *Philosophy and Phenomenological Research* 68, 346-350.
———(2005): "The Ordinary Language Basis for Contextualism, and the New Invariantism," *The Philosophical Quarterly* 55, 172-198.
———(2006): "Bamboozled by Our Own Words: Semantic Blindness and Some

Arguments against Contextualism," *Philosophy and Phenomenological Research* 73, 316-338.
———(2007): "A Brief History of Contextualism," *Certain Doubts: devoted to matters epistemic*, URL = 〈http://certaindoubts.com/?p=678〉(2013. 9. 9).
———(2009): *The Case for Contextualism: Knowledge, Skepticism, and Context*, Vol. 1, Oxford: Oxford UP.
———(2011a): "Fantl and McGrath: Loose Use," in Replies (to Nagel, Ludlow, and Fantl & McGrath) for PPR Symposium on *The Case for Contextualism*. Some thoughts on the "loose usage" approach at pp. 11-18, *Philosophy and Phenomenological Research*, URL = 〈http://pantheon.yale.edu/～kd47/PPR%20Replies-5-26-11.pdf〉(2013. 9. 8).
———(2011b): "Contextualism, Contrastivism, and X-Phi Surveys," *Philosophical Studies* 156, 81-110.
ディオゲネス・ラエルティオス（1994):『ギリシア哲学者列伝（下)』加来彰俊訳、岩波文庫。
Douven, I. (2006): "Assertion, Knowledge, and Rational Credibility," *Philosophical Review* 115, 449-485.
Dretske, F. I. (1970): "Epistemic Operators," *The Journal of Philosophy* 67, 1007-1023.
———(1971): "Conclusive Reasons," *Australasian Journal of Philosophy* 49, 1-22.
———(1989): "The Need to Know," in Marjorie Clay and Keith Lehrer (eds.), *Knowledge and Skepticism*, Boulder: Westview Press.
Drucker, P. F. (1992): *The Age of Discontinuity: Guidelines to Our Changing Society*, Piscataway: Transaction Publishers; Reprint edition (first published 1969).（『断絶の時代——知識社会の構想』林雄二郎訳、ダイヤモンド社、1969年）
Earman, J. (1993): "Underdetermination, Realism and Reason," *Midwest Studies in Philosophy* 18, 19-38.
Feldman, R. (1974): "An Alleged Defect in Gettier Counterexamples." *Australasian Journal of Philosophy* 52, 68-69.
———(2001): "Skeptical Problems, Contextualist Solutions," *Philosophical Studies* 103, 61-85.
Feltz, A. and C. Zarpentine (2010): "Do You Know More When It Matters Less?" *Philosophical Psychology* 23 (5), 683-706.
Forbes, G. (1984): "Nozick on Scepticism," *The Philosophical Quarterly* 34, 43-52.
Garrett, B. (1999): "A Sceptical Tension," *Analysis* 59, 205-206.
Geanakoplos, J. (1994): "Common Knowledge," in R. J. Aumann and S. Hart

(eds.), *Handbook of Game Theory*, Vol. 2, Elsevier Science B. V., 1438-1496.
———and H. Polemarchakis (1982): "We Cannot Disagree Forever," *Journal of Economic Theory* 28, 192-200.

Geertz, C. (1983): *Local Knowledge: Further Essays in Interpretive Anthropology*, New York: Basic Books.（『ローカル・ノレッジ――解釈人類学論集』梶原・小泉・山下晋司・山下淑美訳、岩波書店、1991年／岩波モダンクラシックス、1999年）

Gettier, E. (1963): "Is Justified True Belief Knowledge?" *Analysis* 23, 121-123.

Gettier problem, In *Wikipedia: The Free Encyclopedia*, Retrieved from URL = 〈http://en.wikipedia.org/wiki/Gettier_problem〉(2013. 3. 3).

Gettier Problems, by Stephen Hetherington, URL = 〈http://www.iep.utm.edu/gettier/〉(2013. 3. 3).

Goldman, A. I. (1967): "A Causal Theory of Knowing," *The Journal of Philosophy* 64, 357-372.

———(1976): "Discrimination and Perceptual Knowledge," *The Journal of Philosophy* 73, 771-791.

———(1979): "What is Justified Belief?" in George S. Pappas (ed.), *Justification and Knowledge*, Dordrecht: D. Reidel.

———(1986): *Epistemology and Cognition*, Cambridge, MA: Harvard UP.

———(2008): "Reliabilism," in Edward N. Zalta (ed.), *The Stanford Encyclopedia of Philosophy* (Spring 2011 Edition), URL = 〈http://plato.stanford.edu/archives/spr2011/entries/reliabilism/〉(2013. 3. 3).

Goodman, N. (1979): *Fact, Fiction, and Forecast*, 3rd edition, Indianapolis: Hackett Publishing Company (1st ed., 1955).（『事実・虚構・予言』雨宮民雄訳、勁草書房、1987年）

Greenough, P., D. Pritchard and T. Williamson (eds.) (2009): *Williamson on Knowledge*, Oxford: Oxford UP.

Grice, P. (1975): "Logic and Conversation". In P. Cole and J. Morgan (eds.), *Syntax and Semantics*, Vol. 3, New York: Academic Press.

———(1989): *Studies in the Way of Words*, Cambridge, MA: Hardard UP.（『論理と会話』清塚邦彦訳、勁草書房、1998年）

Hambourger, R. (1987): "Justified Assertion and the Relativity of Knowledge," *Philosophical Studies* 51, 241-269.

Harman, G. (1965): "The Inference to the Best Explanation," *Philosophical Review* 74, 88-95.

———(1968): "Knowledge, Inference, and Explanation," *American Philosophical Quarterly* 5, 164-173.

———(1970): "Knowledge, Reasons, and Causes," *Journal of Philosophy* 67, 841-855.
Harsanyi, J. (1967-1968): "Games of Incomplete Information played by Bayesian Players, Parts I-III," *Management Science* 14, 159-182, 320-334, 486-502.
Hawthorne, J. (2004): *Knowledge and Lotteries*, Oxford: Oxford UP.
Heller, M. (1999a): "Relevant Alternatives and Closure," *Australasian Journal of Philosophy* 77, 196-208.
———(1999b): "The Proper Role for Contextualism in an Anti-Luck Epistemology," *Philosophical Perspectives* 13: Epistemology, 115-129.
Hempel, C. G. (1945): "Studies in the Logic of Confirmation," Part I & II, *Mind* 54, 1-26, 97-121.
Hilpinen, R. (1971): "Knowledge and Justification," *Ajatus* 33, 7-39.
Hintikka, J. (1962): *Knowledge and Belief*, Cornell: Cornell UP.（『認識と信念』永井・内田訳、紀伊国屋書店、1975年）
———(2007): *Socratic Epistemology Explorations of Knowledge-Seeking by Questioning*, New York: Cambridge UP.
法然：『和語燈録』（浄土宗聖典刊行委員会編『浄土宗聖典』第四巻、浄土宗出版、1999年、所収）
Howson, C. (1991): "The Last Word on Induction?" *Erkenntnis* 34, 73-82.
Huemer, M. (2002): *Epistemology: Contemporary Readings*, London: Routledge.
Hume, D. (1972): *A Treatise of Human Nature*, London: Everyman's Library (first published in 1739-1740)（『人性論』全4巻、大槻春彦訳、岩波文庫、1948-1952年）
———(1999): *An Enquiry concerning Human Understanding*, Oxford: Oxford UP (first published in 1748).（ヒューム『人間知性研究——付・人間本性論摘要』斉藤・一ノ瀬訳、法政大学出版局、2004年）
Ichikawa J. J. and M. Steup: "The Analysis of Knowledge," in Edward N. Zalta (ed.), *The Stanford Encyclopedia of Philosophy* (Winter 2012 Edition), URL =〈http://plato.stanford.edu/archives/win2012/entries/knowledge-analysis/〉(2013. 3. 5).
飯田隆（2004):『クリプキ——ことばは意味をもてるか』日本放送出版協会。
石川文康（2013):「カントはよみがえる」、URL =〈http://www.chikumashobo.co.jp/blog/pr_chikuma/entry/193/〉(2014. 6. 28).
Jackman, H. (2003): "Foundationalism, Coherentism and Rule-Following Scepticism," *International Journal of Philosophical Studies* 11, 25-41.
懐疑主義：『フリー百科事典　ウィキペディア日本語版』、〈URL =〈http://ja.wikipedia.org/wiki/ 懐疑主義〉(2013. 3. 19).

神山和好（1986）:「抽象的人間——導入と考察」（『科学哲学』19, 103-111）。
———（1992）:「情報構造の Common Knowledge に関するオーマンの直観について」（『科学哲学』25、127-138）。
———（1996）:「「不同意に同意すること」以後」（『茨城工業高等専門学校研究彙報』第30号、1-11）。
———（2003）:「懐疑論者の不安——帰納法の問題の解消主義的解決再論」（『科学基礎論研究』第100号、55-60）。
———（2004a）:「水槽の中の脳型懐疑論を論駁する」（『科学基礎論研究』第102号、31-38）。
———（2004b）:「知識の相互所有とコンセンサスの形成、戦略的状況における合理的意思決定——共有知識論の展開」（*Archive for Studies in Logic* （*AFSIL*）, 1-38, URL = 〈http://www.nakatogawa.jp/〉）.
———（2009a）:「疑いに対する疑い——ネガティブ・エンタイトルメント」（『科学基礎論研究』第112号、19-26）。
———（2009b）:「「知る」は指標詞か」（『科学哲学』第42巻2号、75-87）。
Kaneko, M. (1996): "Game Logic and its Applications I," *Studia Logica* 57, 325-354.
Kaneko, M. and N. Suzuki (1999): "Horticulture of Epistemic Models of Shallow Depths," University of Tsukuba, Institute of Policy and Planning Sciences, Discussion Paper Series, No. 828.
Kaneko, M. and T. Nagashima (1991): "Final Decisions, the Nash Equilibrium and Solvability in Games with Common Knowledge of Logical Abilities," *Mathematical Social Sciences* 22, 229-255.
カント（2003）:『プロレゴメナ』篠田英雄訳、岩波文庫。
Kirkham, R. (1984): "Does the Gettier Problem Rest on a Mistake?" *Mind* 93, 501-513.
Klein, P. D. (1971): "A Proposed Definition of Propositional Knowledge," *Journal of Philosophy* 68, 471-482.
———(1983): "Real Knowledge," *Synthese* 55, 143-164.
Kornblith, H. (2008): "Knowledge Needs No Justification," in Q. Smith (ed.), *Epistemology: New Essays*, Oxford: Oxford UP.
Krasucki, P. (1996): "Protocols Forcing Consensus," *Journal of Economic Theory* 70, 266-272.
Kripke, S. A. (1982): *Wittgenstein on Rules and Private Language: An Elementary Exposition*, Cambridge, MA: Harvard UP.（『ウィトゲンシュタインのパラドックス』黒崎宏訳、産業図書、1983年）
———(2011): "Nozick on Knowledge," in *Philosophical Troubles: Collected Pa-*

pers, Volume 1, Oxford: Oxford UP.
熊野純彦（2006a):『西洋哲学史——古代から中世へ』岩波新書。
———(2006b):『西洋哲学史——近代から現代へ』岩波新書。
Lasersohn, P. (1999): “Pragmatic Halos,” *Language* 75, 522-551.
Laursen, J. “Skepticism,” New Dictionary of the History of Ideas. 2005. *Encyclopedia.com.* URL = 〈http://www.encyclopedia.com〉(2013. 5. 30).
Lehrer, K.（1965）: “Knowledge, Truth, and Evidence,” *Analysis* 25, 168-175.
———（1971）: “Why Not Scepticism?” *The Philosophical Forum* 2, 289-298.
———（1990）: *Theory of Knowledge*, London: Routledge.
Lehrer, K. and T. Paxson（1969）: “Knowledge: Undefeated Justified True Belief,” *The Journal of Philosophy* 66, 1-22.
Leite, A.（2007）: “How to Link Assertion and Knowledge without Going to Contextualist: A Reply to DeRose's Assertion, Knowledge, and Context,” *Philosophical Studies* 134, 111-129.
Lewis, D.（1969）: *Convention: A Philosophical Study*, Harvard UP.
———（1975）: “Languages and Language,” in K. Gunderson（ed.）, *Minnesota Studies for the Philosophy of Science*, Vol. VII, University of Minnesota Press（reprinted in *Philosophical Papers*, Vol. 1, Oxford UP., 1983）.
———（1996）: “Elusive Knowledge,” *Australasian Journal of Philosophy* 74, 549-567.
Lismont, L. and P. Mongin（1994）: “On the Logic of Common Belief and Common Knowledge,” *Theory and Decision* 37, 75-106.
Lycan, W. G.（2006）: “On the Gettier Problem Problem,” in *Epistemology Futures*, ed. by S. Hetherington, Oxford UP, 148-168.
MacFalane, J.（2011）: “Relativism and Knowledge Attributions,” in Sven Bernecker and Duncan Pritchard（eds.）, *Routledge Companion to Epistemology*, London: Routledge, 536-544.
McGinn, C.（1984）: *Wittgenstein on Meaning: An Interpretation and Evaluation*, Oxford: Basil Blackwell.（『ウィトゲンシュタインの言語論——クリプキに抗して』植木他訳、勁草書房、1990年）
March, J. G. and H. A. Simon（1958）: *Organizations*, New York: John Wiley & Sons.
Matsuhisa. T. and K. Kamiyama（1997）: “Lattice Structure of Knowledge and Agreeing to Disagree,” *Journal of Mathematical Economics* 27, 389-410.
May, J., W. Sinnott-Armstrong, J. G. Hull and A. Zimmerman（2010）: “Practical Interests, Relevant Alternatives, and Knowledge Attributions: An Empirical Study,” *Review of Philosophy and Psychology* 1（2）, 265-273.

Maynard-Smith, J. (1982): *Evolution and the Theory of Games*, Cambridge: Cambridge UP.
Mellor, D. H. (1988): *The Warrant of Induction*, Cambridge: Cambridge UP.
———(1989): "Induction is Warranted", *Analysis* 49, 5-7.
———(1991): "The Warrant of Induction," Chapter 15 *of Matters of Metaphysics,* Cambridge: Cambridge UP.
Milgrom, P. (1981): "An Axiomatic Characterization of Common Knowledge," *Econometrica* 49, 219-222.
Monderer, D. and D. Samet (1989): "Approximating Common Knowledge with Common Beliefs," *Games and Economic Behavior* 1, 170-190.
Moore, G. E. (1925): "Defense of Common Sense," in J. H. Muirhead (ed)., *Contemporary British Philosophy*, London: George Allen and Unwin Ltd., 193-223. (『観念論の論駁』國嶋一則訳、頸草書房、1960年、所収)
———(1939): "Proof of an External World," *Proceedings of the British Academy* 25, 273-300, reprinted in G. E. Moore, *Philosophical Papers*, London: George Allen & Unwin Ltd., 1959.
———(1953): *Some Main Problems of Philosophy*, New York: Macmillan.
———(1959a): *Philosophical Papers*, London: George Allen & Unwin Ltd.
———(1959b): "Four Forms of Scepticism," in Chap. IX of *Philosophical Papers*.
———(1962): *Commonplace Book 1919-1953*, London: George Allen & Unwin Ltd.
Morris, S. (1995): "The Common Prior Assumption in Economic Theory," *Economics and Philosophy* 11 (02), 227-253.
Moser, P. K. (1992): "Gettier Problem," in J. Dancy and E. Sosa (eds.), *A Companion to Epistemology*, Cambridge MA: Basil Blackwell.
Neta, N. (2009): "Defeating the Dogma of Defeasibility," in P. Greenough and D. Pritchard (eds.), *Williamson on Knowledge,* Oxford: Oxford UP., 161-182.
———and M. Phelan (manuscript): "Evidence that Stakes Don't Matter for Evidence."
西垣通 (2013):『集合知とは何か——ネット時代の「知」のゆくえ』中央公論新社。
西原宏 (1991):「Common Knowledge 概念とゲーム理論」(『福岡大学経済学論叢』第36巻第3号)。
野中郁次郎・竹中弘高 (1996):『知識創造企業』東洋経済新報社。
Nozick, R. (1974): *Anarchy, State, and Utopia*, New York: Basic Books.
———(1981): *Philosophical Explanations*, Cambridge, MA: Harvard UP.
Okasha, S. (2001): "What Did Hume Really Show about Induction?" *The Philo-*

sophical Quarterly 51, 307-327.
Pargetter, R. and J. Bigelow (1997): "The Validation of Induction," *Australasian Journal of Philosophy* 75, 62-76.
Parikh, R. and P. Krasucki (1990): "Communication, Consensus and Knowledge," *Journal of Economic Theory* 52, 178-189.
Pearce, D. G. (1984): "Rationalizable Strategic Behavior and the Problem of Perfection," *Econometrica* 52, 1029-1051.
Plantinga, A. (1992): *Warrant: The Current Debate*. New York: Oxford UP.
———(1993): *Warrant and Proper Function*, New York: Oxford UP.
プラトン (2004):『テアイテトス』渡辺邦夫訳、ちくま学芸文庫。
Pollock, J. and J. Cruz (1999): *Contemporary Theories of Knowledge*, 2nd edition, Lanham, MD: Rowman and Littlefield.
Popkin, R. (2003): *The History of Scepticism from Savonarola to Bayle*, New York: Oxford UP.
Popper, K. R. (1959): *The Logic of Scientific Discovery* (translation of Logik der Forschung, 1935), London: Hutchinson. (『科学的発見の論理 (上)(下)』大内・森訳、恒星社厚生閣、1971年)
———(1972): *Objective Knowledge*, Oxford: Oxford UP.
Pritchard, D. (2002): "Recent Work on Radical Skepticism," *American Philosophical Quarterly* 39, 215-257.
———(2005a): "Wittgenstein's *On Certainty* and Contemporary Anti-scepticism," in D. Moyal-Sharrock and W. H. Brenner (eds.), *Investigating On Certainty: Essays on Wittgenstein's Last Work*, London: Palgrave Macmillan.
———(2005b): *Epistemic Luck*, Oxford: Clarendon Press.
———(2007): "Anti-Luck Epistemology," *Synthese* 158, 277-298.
Proctor, R. N. (1996): *Cancer Wars: How Politics Shapes What We Know And Don't Know About Cancer*, New York: Basic Books.
———(2008): *Agnotology: The Making and Unmaking of Ignorance*, Stanford: Stanford UP.
Pryor, J. (2000): "The Skeptic and the Dogmatist," *Noûs* 34, 517-549.
———(2001): "Highlights of Recent Epistemology," *British Journal for the Philosophy of Science* 52, 95-124.
———(2004): "What's Wrong with Moore's Argument?" *Philosophical Issues* 14, 349-378.
Putnam, H. (1981): *Reason,Truth and History*, Cambridge: Cambridge UP., 1-21. (『理性・真理・歴史——内在的実在論の展開』野本他訳、法政大学出版局、1994年)

Quine, W. V. O. (1969): "Epistemology Naturalized," in *Ontological Relativity and Other Essays*, New York: Columbia UP., 69-90.

Rabinowitz, D. (2011): "The Safety Condition for Knowledge," *Internet Encyclopedia of Philosophy*, URL = 〈http://www.iep.utm.edu/safety-c/〉 (2013. 3. 7).

Reichenbach, H. (1938): *Experience and Prediction*, Chicago: University of Chicago Press.

Rieber, S. (1999): "Knowledge and Contrastive Explanation," *Noûs*, 32 189-204.

Rorty, R. (1979): *Philosophy and the Mirror of Nature*, Princeton: Princeton UP. (『哲学と自然の鏡』野家啓一監訳、産業図書、1993年)

Rosenthal, R. (1981): "Games of Perfect Information, Predatory Pricing, and the Chain Store," *Journal of Economic Theory* 25 (1), 92-100.

Roth, M. D. and G. Ross (1990): *Doubting: Contemporary Perspectives on Skepiticism*, Dordrecht: Kluwer.

Rubinstein, A. (1989): "Electronic Mail Game: Strategic Bahavior under 'Almost Common Knowledge'," *The American Economic Review* 79, 385-391.

Russell, B. (1912): *The Problems of Philosophy*. (『哲学入門』中村秀吉訳、社会思想社、1996年)

———(1927a): *Analysis of Matter*, London: Kegan Paul.

———(1927b): *An Outline of Philosophy*, London: George Allen & Unwin Ltd.

———(1961): *A History of Western Philosophy*, London: George Allen & Unwin Ltd.

Rysiew, P. (2007): "Epistemic Contextualism," *The Stanford Encyclopedia of Philosophy*, URL =〈http://plato.stanford.edu/entries/contextualism-epistemology/〉 (2013. 9. 9).

Samet, D. (1990): "Ignoring Ignorance and Agreeing to Disagree," *Journal of Economic Theory* 52, 190-207.

———(1992): "Agreeing to Disagree in Infinite Information Structures," *International Journal of Game Theory* 21, 213-218.

Savage, L. J. (1972): *The Foundations of Statistics*, New York: Dover Publications (revised version of the work originally published by John Wiley & Sons in 1954).

Schaffer, J. (2004): "From Contextualism to Contrastivism," *Philosophical Studies* 119, 73-103.

———and J. Knobe (2012): "Contrastive Knowledge Surveyed," *Noûs* 46 (4), 675-708.

Schiffer, S. (1996): "Contextualist Solutions to Skepticism," *Proceedings of the Aristotelian Society* 96, 317-333.

———(2003): *The Thing We Mean*, Oxford: Clarendon Press.
セクストス・エンペイリコス（1998):『ピュロン主義哲学の概要』金山弥平・金山万里子訳、京都大学学術出版会。
Selten, R.（1975): "Reexamination of the Perfectness Concept for Equilibrium Points in Extensive Games," *International Journal of Game Theory*, Vol. 4, No. 1, 25-55.
———(1978): "The Chain-Store Paradox," *Theory and Decision* 9, 127-159.
Shin, H. S.（1993): "Logical Structure of Common Knowledge," *Journal of Economic Theory* 60, 1-13.
Sosa, E.（1964): "The Analysis of Knowledge that P," *Analysis* 25, 1-8.
———(1969): "Propositional Knowledge," *Philosophical Studies* 20, 33-43.
———(1970): "Two Conceptions of Knowledge," *The Journal of Philosophy* 67, 59-66.
———(1999): "How to Defeat Opposition to Moore," *Philosophical Perspectives* 13, 141-154.
———(2000): "Skepticism and Contextualism," *Philosophical Issues* 10, 1-18.
———(2007): *A Virtue Epistemology: Apt Belief and Reflective Knowledge,* Vol. I, Oxford: Clarendon Press.
———(2009): *Reflective Knowledge: Apt Belief and Reflective Knowledge*, Vol. II, Oxford: Clarendon Press.
———(2013): "The Epistemology of Disagreement," In J. Lackey and D. Christensen（eds.), *The Epistemology of Disagreement: New Essays*, Oxford: Oxford UP.
Sosa, E. and J. Kim（2000): *Epistemology: An Anthology*, Oxford: Basil Blackwell. 2nd edition in 2008.
Sperber, D. and D. Wilson（1986): *Relevance: Communication and Cognition*, Oxford: Basil Blackwell.（D・スペルベル、D・ウィルソン『関連性理論——伝達と認知』研究社出版、1999年）
Stalnaker, R.（1991): "The Problem of Logical Omniscience I," *Synthese* 89, 425-440.
Stanley, J.（2005): *Knowledge and Practical Interests*, New York: Oxford UP.
Steup, M. and E. Sosa,（2005): *Contemporary Debates in Epistemology*, Cambridge, MA: Basil Blackwell.
Stine, G. C.（1976): "Skepticism, Relevant Alternatives, and Deductive Closure," *Philosophical Studies* 29, 249-261.
Strawson, P. F.（1952): *Introduction to Logical Theory*, London: Methuen & Co. Ltd.

Stroud, B.（1984）: *The Significance of Philosophical Scepticism*, Oxford: Oxford UP.（『君はいま夢を見ていないとどうして言えるのか——哲学的懐疑論の意義』永井均監訳、春秋社、2006年）
Swain, M.（1972）: "Knowledge, Causality, and Justification," *The Journal of Philosophy* 69, 291-300.
———（1974）: "Epistemic Defeasibility," *American Philosophical Quarterly* 11, 15-25.
Swinburne, R.（1973）: *Introduction to Confirmation Theory*, London: Methuen.
立花希一（2001）:「ポパーの反証主義の背景としてのマイモニデスの否定神学」（『批判的合理主義第 1 巻 : 基本的諸問題』未來社、252-264）
戸田山和久（2002）:『知識の哲学』産業図書。
Toole, M.（2009）: "Analyses of the Concept of Knowledge An Overview," URL = 〈http://spot.colorado.edu/～tooley/AnalysisKnowledgePhil3340.html〉(2013. 3. 5).
Turri, J.（2011）: "Manifest Failure: The Gettier Problem Solved," *Philosophers' Imprint,* Vol. 11, No. 8. URL = 〈http://hdl.handle.net/2027/spo.3521354.0011.008〉(2013. 3. 5).
上 村 芳:「カ ン ト」、 URL = 〈http://www.ne.jp/asahi/village/good/kant.html〉(2014. 6. 28).
Unger, P.（1975）: *Ignorance: A Case for Scepticism*, Oxford: Oxford UP.
———（1884）: *Philosophical Relativity*, Minneapolis: University of Minnesota Press.
———（1886）: "The Cone Model of Knowledge," *Philosophical Topics* 14, 125-178.
Van Damme, E. E. C.（1991）: *Stability and Perfection of Nash Equilibria*, 2nd edition, New York: Springer-Verlag.
Vardi, M.（1986）: "On Epistemic Logic and Logical Omniscience," Proc. of the 1st Conference on Theoretical Aspects of Reasoning about Knowledge（TARK-86）, 293-305.
Vogel, J.（1990）: "Are There Counterexamples to the Closure Principle?" in M. D. Roth and G. Ross（eds.）, *Doubting: Contemporary Perspectives on Skepticism*, Dordrecht: Kluwer, 13-27.
von Neumann, J. and O. Morgenstern（1947）: *Theory of Games and Economic Behavior*, Princeton: Princeton UP.
Walliser, B.（1992）: "Epistemic Logic and Game Theory," in C. Bicchieri and M. L. D. Chiara（eds.）, *Knowledge, Belief and Strategic Interaction*, Cambridge: Cambridge UP, 197-225.

Watkins, J. (1987): "The Pragmatic Problem of Induction," *Analysis* 48, 18-20.
Weinberg, J. M., S. Nichols and S. Stich (2001): "Normativity and Epistemic Intuitions," *Philosophical Topics* 29, 429-460. reprinted in J. Knobe, S. Nichols (eds.), *Experimental Philosophy*, Oxford: Oxford UP, 2008, 17-45.
Weiner, M. (2005): "Must We Know What We Say?" *The Philosophical Review* 114, 227-251.
Weintraub, R. (1995): "What was Hume's Contribution to the Problem of Induction?" *The Philosophical Quarterly* 45, 460-470.
——— (1997): *The Sceptical Challenge*, New York: Routledge.
アンドレ・ヴェルダン (1982):『懐疑主義の哲学』岩坪紹夫訳、青山社。
Williams, M. (1991): *Unnatural Doubts: Epistemological Realism and the Basis of Skepticism*, Cambridge, MA: Basil Blackwell.
——— (2001): *Problems of Knowledge. A Critical Introduction to Epistemology*, Oxford: Oxford UP.
Williamson, T. (1992): "Inexact Knowledge," *Mind* 101, 217-242.
——— (2000): *Knowledge and Its Limits*, Oxford: Oxford UP.
——— (2009): "Probability and Danger," *The Amherst Lecture in Philosophy* 4, 1-35. URL = 〈http://www.amherstlecture.org/williamson2009/〉(2013. 3. 5).
Wittgenstein, L. (1953): *Philosophische Untersuchungen*, Oxford: Basil Blackwell. (『ウィトゲンシュタイン全集 8 哲学探究』藤本隆志訳、大修館書店、1975年)
——— (1969): *On Certainty* (*Über Gewißheit*), eds. by G. E. M. Anscombe and G. H. von Wright, Translated by Denis Paul and G. E. M. Anscombe, Oxford: Basil Blackwell. (『ウィトゲンシュタイン全集 9 確実性の問題・断片』黒田・菅訳、大修館書店、1975年、所収)
Wright, C. (1984): "Kripke's Account of the Argument against Private Language," *Journal of Philosophy* 81 (12), 759-78.
——— (1989): "Critical Notice: Wittgenstein on Meaning. By Colin McGinn," *Mind*, Vol. xcviii, 390, 289-305.
——— (1991): "Scepticism and Dreaming: Imploding the Demon," *Mind* 100, 87-116.
——— (2004): "Warrant for Nothing (and Foundations for Free)?" *Supplement to the Proceedings of the Aristotelian Society* 78, 167-212.
山田圭一 (2007):「懐疑論のパラドクスを文脈主義によって解決する方法」(『科学基礎論研究』第106号、11-20)。
カール・ヤスパース (1954):『哲学入門』草薙正夫訳、新潮社。
米澤克夫 (2006):「後期ウィトゲンシュタインはヒューム的自然主義の亜流

であるか」(『帝京大学外国語外国文学論集』第12号、1-37)。
Yourgrau, P. (1983): "Knowledge and Relevant Alternatives," *Synthese* 55, 175-190.
Zagzebski, L. (1994): "The Inescapability of Gettier Problems," *The Philosophical Quarterly* 44, 65-73.
———(1996): *Virtues of the Mind: An Inquiry into the Nature of Virtue and the Ethical Foundations of Knowledge*, Cambridge: Cambridge UP.